The "I" of the sermon
The "I" of the sermon

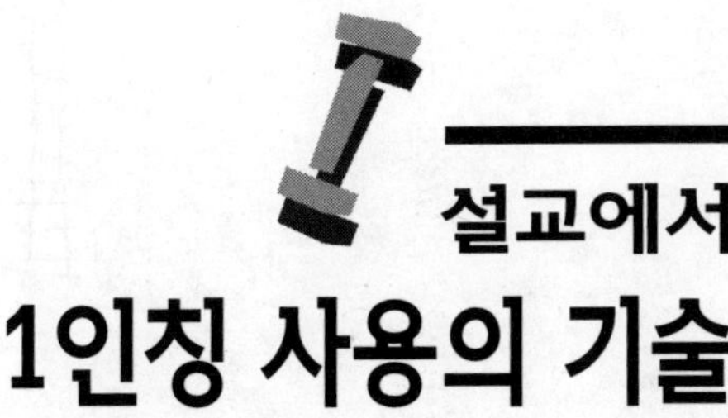

설교에서
1인칭 사용의 기술

리차드 L. 툴린 지음 · 전요섭 옮김

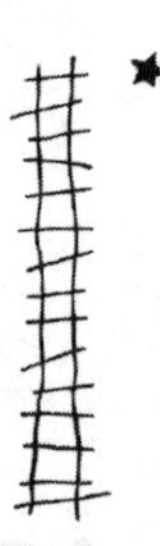

ABBA COMMUNICATION VISION

하늘사다리는 이 땅에 하나님 나라의 확장을

위해 존재하며 천국의 소망을 이어주는

가교의 역할을 하고자 합니다. 사역의 비젼은

예수문화를 중심으로 하는 출판, 광고, 디자인,

문구팬시, 음악, 이벤트, 유통 등으로 이를

아바 커뮤니케이션

(ABBA COMMUNICATION)으로

통칭하여 펼치고자 합니다.

주님 오실 그날까지 하늘사다리는 주님을

외칠 것입니다

설교에서 1인칭 사용의 기술

The "I" of the sermon

ISBN 89-86367-30-0 03230

서문

　이 책은 설교에서 목사 자신의 개인적인 이야기 또는 자기 자랑 등을 신학적으로 어떻게 받아들일 것인가? 하는 것에 대한 내용이다. 더 구체적으로 진술한다면 하나님의 말씀을 대변하는 설교에서 목사의 개인적인 이야기 즉 1인칭의 사용에 대해서 설교학적으로 어떤 견해를 가져야 하는가?에 대한 내용이다. 이 책의 제목에서 제시한 대로 설교에서 "나"(I)는 태풍의 "눈"(Eye)과도 같은 것이다. 이것은 절대로 과장이 아니다. "나"라는 태풍은 자기 이야기의 회오리 바람을 통해서 강단 주변을 휘몰아치는 경우가 없지 않다. 많은 사람들이 설교에서 목사 자신의 이야기를 하는 것에 대해 금기시하고 있는 실정이다. 또 일각에서는 자기 이야기를 한다는 것은 설교의 본질을 파괴할 가능성이 많이 있음을 경고하고 있다. 그러면서도 실제적으로 설교자들이 설교에서 자기 이야기를 결코 하지 않는 경우는 매우 적을 것이다. 이런 문제에 대해서 조직적으로 연구된 자료들이 많지 않다는 것은 매우 애석한 일이다. 실제적으로 설교에서 자기 이야기를 하지 말아야만 하는 전제에는 의심할 여지가 없는 것이다. 그러나 설교를 하나님의 말씀으로만 대변해야 한다는 전제 앞에서도 실제로 설교자는 자기 이야기를 하고 있으니 "설교에서 자기 이야기를 배제시키라."는 주장은 더 이상 설득력을 잃어버려 설교자들에게 도전적인 주장이 되지못하고 있는 실정이다. 오늘날 설교에서 무분별하게 자기 이야기로 장식하는 설교들이 있다는 것을 전제로 하고, 이 책이 의도하는 것은 이러한 내용들을 어떻게 받아들일 것인가를 연구하여 바른 제안을 시도하는 것이다. 비록 폭풍은 완전히 제거되지는 않을 것이지만, 폭풍의 격동함을 다스리는데 도움을 주려는 것이다.

이 연구의 결과는 하나님의 말씀을 선포하는 도구로서 설교자의 자기 이야기가 어느 정도 긍정적인 요소가 있음을 밝히려고 한 면이 짙다. 1인칭 단수 즉, "나"라는 용어로 사용되는 설교는 사실 청중으로 하여금 매우 강한 효과를 줄 수 있는 형태의 설교가 될 수 있다고 생각하는 것은 필자의 강한 신념이다. 이 책을 통해서 필자가 소망하는 것은 설교에서 자신의 이야기를 사용하는 설교자들을 비평하는 차원에서 그리고 그와 같은 설교자들을 위해 바른 지침과 정보를 제공할 뿐만 아니라, 설교에서 자기 이야기의 효과적인 사용에 대해서 그 방안을 제시하려고 하는 것이다.

또한 설교에서 자기 이야기를 하려고 망설였거나, 여러 가지 이유에서 주저했던 설교자들에게 용기를 주려고 하는 것이다. 마지막으로 필자가 바라는 바는 이 연구의 결과들이 설교에 있어서 자기 이야기를 하는 것에 대해 별로 생각이 없었던 설교자들에게 또는 하나님의 말씀을 그대로 선포하는 도구로서의 설교에 일체의 자기 이야기를 배제시켜야 한다는 설교자들에게 이에 대해서 심도 있게 생각해 볼 수 있는 자료를 제시하고

자 하는 것이다.

이 책의 내용들은 설교 학교(Academy of Homiletics)에서 발표되었던 내용들이다. 설교 학교에 수강한 학생들은 이 내용에 대해서 일부 도전을 받기도 하고, 도움을 받기도 하고, 또 더욱 비평적 시각을 갖기도 하였는데 그 학생들에게 고맙게 생각한다. 또 필자가 안식년을 맞이하여 그 동안 다른 일에 바쁘지 않고 오직 연구에 몰입할 수 있도록 해 준 펜실베니아 게티스버그에 있는 루터 신학교에 감사하게 생각한다. 또 루터 교단의 여러 단체에서 연구지원금을 책정해 주어 연구할 수 있도록 도와준 기관들에게 감사를 표하고 싶다.

리차드 L. 툴린
울리치 설교학 교수

역자 서문

　역자가 미국에서 설교학 강좌를 들을 때에 효과적 설교에 대한 소논문(Article)을 제출해야 하는 상황이 생겨, 도서관에서 설교학에 대한 여러 자료들을 구하던 중, 우연히 이 책을 발견하게 된 것이다. 수도 없이 많은 설교학에 대한 도서들 중에서 유독 이 책에 눈길이 간 것은 다분히 책의 제목(원제 : The "I" of the Sermon)이 역자의 눈길을 끌었던 것은 틀림없는 사실이었다.

　실제로 역자는 이제껏 소위 보수주의 신학교에서 설교학을 공부하면서 설교학 교수들로부터 누차에 걸쳐 설교에서 자기 이야기를 철저히 배격하고, 제외시켜야 한다고 들어 왔었다. 그러던 역자에게 이 책은 제목부터가 이교적인 것이었다. 어떻게 목사가 자기 이야기를 설교할 수 있다는 말인가? 목사는 온전히 하나님의 말씀만을 설교하는 자로서 부르심을 받은 자라는 것은 극히 상식적인 것이다. 그러나 실제로 역자 자신도 설교에서 예화로써, 간증으로써 자신의 이야기를 해 오던 차였기 때문에 책의 제목을 보자마자 상당한 흥미를 가지고, 단숨에 이 책을 읽어 버렸던 것이다.

역자는 이 책의 저자인 리차드 L. 툴린(Richard L. Thulin)의
견해를 전적으로 수용한다거나, 동감하지는 않는다. 그러나 한
국 교회뿐만 아니라, 미국 교회에서도 설교자들이 강단에서 설
교 중에 적지 않게, 아니 어떤 의미에서는 설교 때마다 자기 이
야기를 하는 것을 볼 수 있었다. 역자가 직접 들은 일이지만 한
국의 유명한 설교학 교수들도 강의 시간에 학생들에게 "설교
에서는 절대적으로 '자기'가 빠져야 한다."고 강조하면서 채플
시간에, 또는 다른 교회에서 설교 초청을 받아 하는 설교를 들
어보면 곳곳에서 예화 중에 자기 이야기가 스며들어 있는 것을
분명히 들을 수 있었다. 설교학 교수로부터 대다수의 설교자들
이 자기 이야기를 하니까 이것은 다수의 견해로서 모든 설교자
가 당연히 그렇게 해야 된다고 생각하지는 않는다. 그것은 상
황 윤리일 수도 있고, 매우 잘못될 수 있는 입장이다.

때로 우리는 간증(Testimony)이라는 제목으로 처음부터 끝
까지 초청된 설교자(강사)의 자기 이야기를 듣게도 된다. 이러
한 설교 현실 속에서 예화와 관련된 설교자 자기 이야기의 신
학적 입장과 바른 설교 신학은 무엇인가?에 대해서 명확한 학
문적 기준을 세우지 않으면 안되겠다는 생각은 평소에 가져왔
던 생각이었다.

많은 목회자들이 이런 혼동을 가지고 있을 것이라고 생각된
다. 이 책은 바로 그런 주제에 대해서 깊이 생각해 볼 수 있는
자료를 제시한다고 하겠다. 역자는 이 책에 대해 전면적인 호
응이나, 동의를 하는 입장은 아니지만 적지 않은 부분에서 설
교에서 예화로서의 자기 이야기에 대한 지침을 얻게 된 것은
사실이다.

이 책이 보수적인 계통의 설교자들이 읽게 된다면 상당한

거부감을 일으키게 될는지는 모르지만 그 역시도 설교에서 이미 자기 이야기를 해 왔고, 또 하고 있으며, 앞으로도 할 것인데 그에 대한 하나의 지침을 얻는 계기가 될 수 있다고 본다. 역자도 그랬듯이 거부감을 가지고 책을 펴게 되지만 다 읽고 난 뒤에는 "그렇게 생각해 볼 수도 있다." "일리가 있다." "실제적인 내용이다."라는 결론에 이르게 되고, 일부 호응하는 자세로 바뀌게 될 것이다. 여하튼 역자는 이 책을 통해서 상당한 반감과, 상당한 도전을 동시에 받았다고 볼 수 있다.

이 글을 옮기면서 그대로 직역하기보다는 독자들이 우리 상황에서 이해하기 쉽도록 의역한 부분들도 있음을 밝혀 둔다. 비교적 매끄럽게 다듬어 보려고 했지만 역자가 저자의 의도를 충분히 이해하지 못하고 옮겨놓은 부분도 없지는 않다. 여하튼 이 글을 읽고 설교에 있어서 예화로써 설교자 자신의 이야기가 어떻게 받아들여질 것인지에 대하여 확고한 자리 잡음이 있었으면 좋겠다.

평택대학교 연구실에서
역자 전요섭 교수

차례

서문 ■ 5

역자서문 ■ 9

1 자기 이야기에 대한 개념   15

■ 자기 이야기와 권위 18

■ 자기 이야기와 설교자 23

2 자기 이야기의 형태   29

■ 예화로서의 자기 이야기 30

■ 회상으로서의 자기 이야기 32

■ 고백으로서의 자기 이야기 35

■ 자서전적 자기 이야기 39

Notes 47

3 자기 이야기의 필수적 지침   51

■ 깨달음 52

■ 전인적 인격 57

■ 상호관계 65

Notes 71

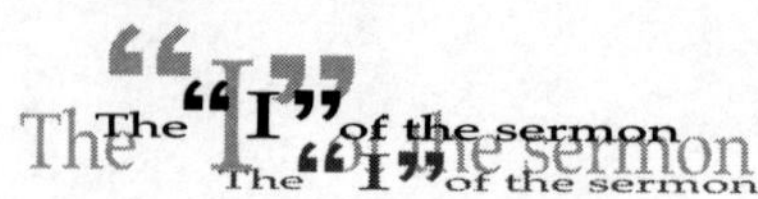

4 자기 이야기와 성경 본문   75

Notes 91

5 자기 이야기와 설교   95

Notes 111

6 자기 이야기의 필요성   115

■ 신뢰감의 필요성 116

■ 증거의 필요성124

■ 예언적인 필요성 128

Notes 132

7 자기 이야기에 대한 점검 목록표   137

부록 I ■ 143

부록 II ■ 145

부록 III ■ 149

1

자기 이야기에 대한 개념

설교에서 자기 이야기를 한다는 것은 일반적으로 청중들로 하여금 반감을 갖도록 하기에 쉬운 일이다. 이와 같은 반감의 대부분은 설교할 때에 절대로 자기 이야기를 해서는 안된다는 강한 부정적 인식을 설교자나 청중들이 공유하고 있기 때문이라고 보여진다. 대다수의 설교자들은 설교에서 자기 이야기를 하려고 망설이다가도 주저하게 되고 결국에는 단호한 거부 쪽으로 돌아서게 된다. 설교자는 왜 이렇게 자기 이야기에 대한 반감을 갖고 있는가에 대해서 자세를 분명히 해야 할 필요가 있는 것이다. 즉, 이 반감을 확고하게 유지하든 그렇지 않으면 태도를 바꾸든지 간에, 심도 있게 연구해 볼 필요가 있는 것이다. 이러한 표현이 약간 지나친 것인지는 모르겠으나 여하튼 이것을 명확하게 정리하지 않으면 계속 이 망설임 속에 잠재된 위험이 내재되어 설교자를 괴롭힐 것이다. 이것이 덫이라고 생각한다면 이 덫은 설교할 때 자기 이야기를 하려고 생각할 때마다 입을 벌리고 설교자들을 늘 기다리고 있는 것이다.

설교에서 자기 이야기를 하는 것에 대해서 강하게 반대하고, 경고하는 많은 사람들의 대부분의 입장은 기독교 설교의 목적을 잊어서는 안된다는 것에 초점을 맞추고 있으며, 설교자는 절대로 예수 그리스도만을 설교해야 한다고 주장하기 때문이다. 강단에서 선포되어지는 내용의 전부는 예수 그리스도이어야만 하고, 또 하나님께서 예수 그리스도를 통해서 성취하신 사역들만을 드러내야 한다는 주장이다. 또한 이것은 설교가 하나님의 말씀에 대한 대언이라는 점에서 이미 설교를 듣는 청중들이 그렇게 인식하고 있는 전통적인 약속이기 때문이라고도 주장한다.

바로 이러한 인식들이 설교에서 개인적인 이야기를 하는 것을 저지해 왔던 이유 중의 하나이다. 실제로 설교자가 자기 이야기를 한다는 것은 설교자 자신이 그 설교의 주인공이 될 가능성이 많은 것이다. 그렇게 되면 이는 대단히 위험한 일로써 그리스도를 설교하는 것이 아니라 설교자 자신을 설교하는 것 밖에는 안된다. 그리고 이것은 설교자 자신의 가치를 확대하여 자기 도취에 빠질 위험을 안고 있는 것이다. 설교라는 것은 필수적으로 독백적인 것이 아니라 대화적인 것이다. 자기 이야기를 설교에 포함시킨다는 것은 틀림없이 자기 우월주의의 덫에 걸릴 가능이 많이 있음을 부정할 수는 없다. 설교자가 자기 이야기로 일관된 설교를 하여 청중으로 하여금 하나님의 말씀간에 혼동을 일으킨다면 그런 사람은 더 이상 설교를 해서는 안되는 사람이다. 설교는 자기의 경험을 발표하는 공식적인 시간이 절대로 아닌 것이다. 교인들은 듣기 싫은 소리를 들어주기 위해서 멀리서 교회에 나온 자원 봉사자들이 아니다. 설교자가 하고 싶은 내용의 주제를 성경 본문에서 선택한 다음, 설교자가 하고 싶은 자기 이야기를 마음껏 함으로써 교인들에게 성경의 진의를 이해할 수 없도록 만들고, 그들을 성경으로부터 고립시키는 것은 정말로 위험한 일이다. 자신의 이야기로 일관된 설교에 대한 비판의 초점은 바로 이같이 청중들로 하여금 성경의 진의를 알 수 없도록 하는 것에 있다. "도대체 뭘 말하려고 하는 것이야?" "저 이야기와 성경과 대체 무슨 상관이 있단 말이야?" 이런 불평들이 교인들의 마음 속에 발생된다면 문제는 심각한 지경에 이르게 된 것이다. 자기 이야기로 일관된 설교는 교인들로 하여금 성경 본문의 요점(Main point)을 흐리게 하거나, 잊어버리도록 만들뿐만 아니라, 쓸데없는 이야기들만 기억시키게 되는 것이다.

설교에 있어서 설교자의 자기 도취와 자기 과시의 위험성은 실제로 우리의 강단에 현존하고 있는 문제들이다. 이것은 결코 대수롭지 않은 일이 아니다. 이는 기독교 설교의 목적과 본질에 치명적인 악영향을 미치는 것이기 때문이다. 일부 설교자들은 이러한 위험을 전혀 인식도 하지 못한 채, 이를 자행하고 있을 것이다. 어떤 설교자들은 알고는 있지만 여전히 이를 자행하고 있는 자들도 있을 것이다. 그리고 설교에서 자기 이야기를 하고 싶은 매력을 느끼고는 있지만 이것이 옳지 않다고 생각하면서 억제하는 이들도 있을 것이다. 이것은 위험한 만큼 강단에서 설교자 자신의 개인적인 이야기를 마음껏 하도록 허용되어져서는 안될 것이다. 이것은 불가피한 것이 아니기 때문이다. 피하려고만 한다면 얼마든지 피할 수는 있는 것이다.

그러나 만약에 이런 개인적인 이야기가 교인들로 하여금 설교를 더욱 정확하게 이해하도록 하고, 하나님의 섭리와 경륜을 충분히 받아들이게 되고, 성경 본문에 대해서 쉽고, 정확하게 접근하게 되며, 그리스도를 전달하는 데 한 좋은 역할을 한다면 그 지식과 기술과 방법들을 마다하겠는가? 사실 이와 같이 설교에서 개인적 이야기를 통해서 좋은 효과를 얻게 될 것을 기대하는 것은 결코 쉬운 일이 아니다. 여기에는 상당한 전문적 기술이 필요하기 때문이다. 어떤 설교자들은 애초에 위험하게 생각했던 자기 이야기를 설교의 예화로서 사용함으로써 많은 효과를 얻은 경우들도 없지는 않을 것이다. 또한 이것으로 단지 청중들의 주의를 환기시키고, 관심을 집중시키려는 것 이상의 효과를 경험한 사람들도 있을 것이다. 때로 설교에서 설교자의 자기 이야기는 강단의 권위를 더욱 돋보이게 하는 데에도 적지 않은 도움을 줄 수 있다는 전제를 묵살시켜서는 안될 것이다.

1) 자기 이야기와 권위

필자는 신학대학원 학생 시절에 약 1년 동안 전도사로서 다섯 교회와 조그만한 병원에서 원목 보좌를 함으로써 목회 실습을 한 경험이 있었다. 이때에 필자는 설교자의 권위라는 것에 대해서 많은 생각을 하게 되었었다. 필자가 처음으로 심방을 해 본 것은 병원목회 실습 당시에 한 개인 병실에 누워 있던 어떤 할머니를 방문한 일이었다. 이때만 해도 필자는 목회학(Pastoral theology), 목회 상담(Pastoral counseling)이나 목회

돌봄(Pastoral care)에 대해서 전문적인 지식이 없이 그저 젊은 패기 하나만 가지고 목회를 해 보려고 시도했을 때였다. 이 당시는 그저 열심히 병실 방문을 하는 것 외에는 훌륭한 목회 방법이 없을 것이라고 생각했던 시절이었다. 병실에 들어서게 되면 먼저 환자들에게 자신을 소개하고 "지금 기분이 어떠냐?"고 물으면서 대화의 실마리를 풀어가며 여러 가지 이야기를 나누었었다. 그 할머니의 병실에 들어가서도 필자의 첫 말은 조금 전 다른 병실에서 환자들에게 했던 인사와 똑같았다. "할머니 지금 상태가 어떠세요?"라고 질문했을 때 그 할머니의 대답은 간단하게도 "나는 죽을 거예요."라는 작고 힘없는 답변이었다. 이런 예측하지 못한 답변을 들었을 때 필자는 어떻게 반응해야 하는지에 대해서 전하 알지 못했다. 필자는 정신을 가다듬고 다시 물어 보았다. "할머니가 돌아가실 것 같다는 것을 어떻게 아세요?" 그 할머니는 질문이 끝나자 마자 모든 것을 알고 있다는 듯이 "의사가 내게 그렇게 말했어!" 라고 응답했다. 필자는 더 이상 무엇을 어떻게 해야 할지 몰라서 미안하다고 인사를 하고 바로 나오려고 했다. 그때 그 할머니는 "여보게, 잠깐만!" 하며 나를 붙잡았다. 그리고는 "자네는 죽은 다음에 내세가 있다고 믿는가?"라고 내게 되물어 보았다. 이때 필자는 전도사로서 그 할머니에게 성경을 들려줄 가장 좋은 기회라고 생각하고 성경 말씀을 인용해서 들려주었다. 지금까지 필자가 배우고, 암기하고, 듣고, 생각나는 성경 구절은 다 인용해서 그 할머니에게 들려준 것이다. 한참 성경 구절들을 설명하고 있는데 할머니는 필자의 손을 꼭 잡으면서 "이봐! 됐어! 다 알고 있어! 그러나 내가 질문한 것은 그것이 아니고, 죽은 다음 사후의 세계가 있는지에 대해서 자네가 믿고 있느냐? 이 말이야!" 그 할머니는 평소 자신이 생각해 왔던 기독교의 내세관에 대해서 다른 사람들도 그렇게 생각하고 있는가를 알고 싶어했던 것이다. 즉, 할머니가 듣고자 하는 것은 나 자신의 종말 신앙 중에서 내세에 대한 믿음과 의심 그리고 신앙 체험을 듣기 원했던 것이다. 이 질문은 나에게 대단히 큰 충격이며 귀중한 선물이었다.

잠깐 동안 병원 목회를 하면서 필자는 설교를 듣는 청중들은 목회자가 솔직한 이야기를 하고 있는지, 자신의 마음에도 없는 이야기를 하고 있는지를 분석하고 있다는 사실을 발견했다. 설교자는 절대로 자신을 교인들 앞에 숨길 수 없다는 것이다. 교인들은 설교자가 하는 설교 속에서 설교자의 확신과 정직과 투명성을 요구하는 것이다. 교인들은 신학 이론이나, 설교자가 연발로 암송해대는 성경 구절들의 나열을 통해서 무엇인가 변화의 역사가 일어나지만은 않는다. 변화를 위한 강력한 힘은 설교자의 입에서 나오는 단순한 성경 구절이 아니라 설교자 자신의 삶과 진실이 그대로 전달될 때 그들은 뭔가를 깊이 생각하게 된다. 온 교인들이 자신의 교회 설교자가 전혀 성경 말씀대로 살지 않는다는 사실을 다 알고 있는데 그가 장황하게 성경 말씀들을 늘어놓는다고 해서 무슨 은혜가 되겠는가?

병원에서 임종을 눈 앞에 둔 그 할머니에게 그 당시 필자가 무슨 이야기를 했는지는 지금 정확히 기억할 수 없으나 틀림없는 사실은 필자의 살아 있는 신앙 간증을 들려주지 못했고, 그 시간을 효과적으로 대처하지 못했다는 것이다. 그래서 다음 날 필자는 용기를 내어 필자의 삶에서 죽음과 관계된 이야기를 하기로 마음을 먹었다. 그 이야기는 필자의 할머니의 죽음에 대한 이야기이다. "할머니, 제 이야기를 잘 들어보세요. 어느 날

한 밤중에 저희 집에 전화가 울려왔었습니다. 저의 어머니는 전화를 받으시면서 깜짝 놀라셨지요. '어머니께서 돌아가셨다 구요?' 저의 할머님께서 소천하신 것이었지요. 그 한 마디에 집안 분위기는 숙연해 졌지요. 저는 하나님께 감사의 기도를 드렸었습니다. '하나님! 저의 할머니께서 하나님의 품으로 가시게 된 것을 감사합니다. 이제 하나님 곁에서 영원토록 계시게 되었으니 감사드려요.'" 그리고 필자는 환자 할머니에게 이렇게 덧붙였다. "저도 머지 않아서 하나님 곁으로, 그리고 저의 할머니 곁으로 갈 건데요. 우리는 틀림없이 다시 만날 것입니다." 필자가 이 이야기를 마치고 그 병실을 떠나려고 할 때 죽음을 바로 눈 앞에 둔 그 환자 할머니는 "고맙네! 내가 듣고자 하는 이야기를 해 주어서 고맙네!" 이 말과 함께 할머니의 얼굴에 두려운 기색은 다 사라졌고, 필자의 손을 꼭 잡아 쥐었다.

이런 일이 있은 후, 필자는 설교에 있어서 설교자 자신의 개인적인 이야기는 청중들에게 성경의 본문을 더욱 효과적으로 전할 수 있다는 강한 확신을 얻게 되었다. 물론 이것은 절대적으로 그렇다고 말할 수는 없다.

어떤 경우에, 설교자가 성경 말씀을 나열할 때 청중들은 그것에 대해서 권위를 갖기보다는 "안수받은 목사니까 저렇게밖에 말할 수밖에 없겠지!" "목사는 당연히 저렇게 말해야 될 사람이지!" 라고 목사의 말을 일축해 버리는 경우가 없지 않다. 청중들의 관심을 기울이도록 하는 것은 바로 성경 말씀이 우리 자신의 삶에서 어떻게 이루어졌는지, 그가 체험했던 살아 있는 간증이라고나 할까, 그 증거를 이야기할 때 귀를 쫑긋 세우고 반응을 나타내는 것은 사실이다. 그 이유는 어디서고 그런 이야기를 들어보지 못해서라거나, 성경 말씀을 너무 많이 들어왔기 때문이 아니라, 설교자 자신의 삶 속에서 체험했던 살아 있는 간증이기 때문이다. 그리고 그것은 진리가 우리의 삶 속에 구체적으로 나타난 현실이기 때문이다. 그것은 설교를 듣는 청중들의 신앙을 더욱 굳건하게 하는 결과가 될 것이다.

설교에서 본문에 대한 성경적이며, 신학적인 해석에 더불어 목사 자신의 삶의 이야기를 진솔하게 설명하려고 할 때 청중들은 매우 권위 있는 말씀으로 받아들이게 된다. 설교자의 권위란 단순히 자신의 이야기를 했다는 데서 얻어지는 것은 아니다. 설교자 자신의 삶에서 나타난 일련의 사건 및 그의 이야기들이 하나님의 역사를 나타내는 것이며, 성경과 신학에 기초되어 그것의 보증을 받을 수 있는 말을 할 때 비로소 권위가 나타나는 것이다. 그 권위는 얻으려고 해서 얻어지는 것이 아니라, 자연히 얻어지는 것이다. 설교자는 교회 전통과 하나님의 말씀에 대한 살아 있는 체험으로 인해서 그것의 실제적 증인이며, 전달자가 되어야 하는 것이다. 그런 의미에서 설교자라고 하는 것은 교회 전통과 신앙 공동체의 신앙 체험에 있어서 대표적인 자가 되어야 한다. 살아 있는 하나님의 말씀이 살아서 체험되어 이것을 듣는 교인들의 신앙이 성장되어야 하는 것이다. 이런 일들이 언제 발생되는가? 교회가 살아있는 전통을 가장 명확히 체험케 하는 역할을 담당할 때이다.

설교자가 설교를 함에 있어서 개인적인 이야기를 하는 것은 교회 전통과 청중들을 대표해서 설교자의 과업을 효과적으로 성취하는 것이다. 설교자의 개인적인 이야기는 믿음을 갖는 것이 무엇인지를 보여주며, 그 이유가 무엇인지를 드러내는데 큰 도움이 되는 것인데 이것은 설교자의 특별한 경험을 이야기한다기보다는 생활 속에 나타난 삶의 이야기를 증거하는 것이다. 사실상 많은 설교자들이 개인적인 이야기가 설교의 적합한 도구였음을 발견해 왔을 것이다. 그리고 설교에서 자기 이야기를 한다는 것이 반드시 개인 우월주의나 자기 착각 또는 자기 과시를 의미하는 것만은 아니다. 그러나 설교자가 청중과 교회 전통을 대표하는 자로서 개인 우월주의에 빠진다면 그것은 하나의 우상 숭배가 될 수 있는 것이다.

설교자가 강단에서 신앙 공동체의 대표자로서 설교를 할 때 중요한 책임의 하나는 개인적 이야기가 전달되기 전에 설교자 개인에게 경험된 이 내용이 성경과 신학 그리고 교회 전통과 부합되는지의 여부가 엄밀하게 시험되어져야 한다는 것이다. 설교자 개인이 체험한 자기 이야기는 청중들이 가지고 있는 자신들의 문제, 소망, 두려움, 성공, 실패, 낙심, 믿음, 고민 등과 성경의 말씀을 서로 연결시켜 그들이 이 시대의 말씀으로 성경을 이해하게끔 다리를 놓아주는 역할을 할 수도 있을 것이다.

(2) 자기 이야기와 설교자

설교자의 자기 이야기는 강단에서 하나님의 말씀을 선포하는 데 더욱 효과적인 역할을 할 수 있다고 전술한 바 있다. 그러나 이것은 막무가내로 되는 것이 아니라, 기술적으로 되어져야 하는 것이다. 그래야만이 설교자에게 뿐만 아니라 청중들에게 실제적인 유익을 가져다주는 것이다. 이를테면 교회 전통과 신학적 기반이 되어져 있지 않으면 안되는 것이다. 이러한 관계를 잘 수립해 나가기 위해서 노력하는 설교자는 신학자와 버금가는 연구를 하지 않으면 안된다. 설교자는 신앙과 경험된 인간의 삶 사이에서 상호 관계를 발견하고, 경험들을 재해석해 주고, 확신을 갖게 해 주고, 믿음을 세우게 하는 자이다. 여기에 신학적 사고가 반드시 내재되어 있어야 하는데 이것은 단순히 교리를 설명하는 이상인 것이다. 신학적인 배경을 가지고 자기 이야기와 교회 전통, 교리, 신학 등을 잘 설명할 수 있어야 하는 것이다.

몇 해 전에 필자의 설교학 과목을 수강하던 한 학생이 설교 실습을 하면서 "믿음을 통한 은혜로 의롭게 됨"에 관하여 설교를 한 일이 있었다. 성경에 있는 칭의에 관한 내용을 모두 일목요연하게 정리를 해서 훌륭하게 발표를 했었다. 물론 비슷한 내용들이 상당 구절 반복되기는 했지만 칭의를 설명하는데 성경적인 설명은 충분했다고 생각되었다. 그 학생이 설교를 마친 후, 그 과목을 수강하는 다른 여러 학생들과 함께 그 설교에 대한 토의를 하게 되었다. 학생들은 그의 설교에 대하여 큰 문제를 발견하지 못했는지 그저 좋게만 평가를 하였다. 정리하는 뜻에서 필자는 그 학생 설교자에게 이렇게 질문했다. "학생, 그 설교를 들은 우리들이 '아, 나도 믿음을 갖고 의롭게 되어야 하겠구나!' 하는 생각을 가져야 될 것 아닌가? 자네는 그런 면에서 높은 점수를 얻을 수가 없어! 나는 자네가 명확하게 무엇을 말하려는지 이해할 수가 없어!" 그 학생은 충격을 받았는지 "그러면 어떻게 해야 됩니까?"하고 반문을 했다. 필자의 답변은 이것이었다. "내가 자네 설교를 20분 간 들어보니 자네는 시종일관 하나님의 칭의의 사역에 대해서 설교를 했더구먼, 좋아! 그 부분은 잘했네, 그런데 자네는 빠뜨린 것이 있어. 우리가 체험한 그 사역에 대해서 언급을 했어야만 했네, 그것은 복잡하지 않고 단순하게 말할 수도 있었을 텐데 말이야··· 예를 들자면 설교자 자네, 자네가 체험한 칭의, 자네의 삶에 나타난 하나님의 칭의, 자네를 의롭게 하신 하나님의 그 역사에 대해서 함구하고 있었던 것이 문제였네!" 이와 같이 필자는 좀더 깊이 생각하기를 요구했었다. 그리고 내용을 다시 고쳐서 설교하라고 지시했었다. 그가 다시 설교할 때에는 다음과 같은 내용이 추가로 설명되어졌었다.

"저는 어느 날 제 아내와 아침 식사 도중에 심한 말 다툼을 했었습니다. 저는 아내가 보기 싫어서 화가 난 채로 집을 뛰쳐 나왔었습니다. 정말 아내를 다시 보지 않을 마음으로 나온 것입니다. 아침에 부부 싸움을 한 것 때문에 하루 종일 기분이 나빴습니다. 저는 어두워질 때까지 집에 들어가지 않았습니다. 밤이 되자 이젠 집에 들어가야 되겠다고 생각하고 집으로 향하려니까 갑자기 기분 나쁜 생각은 사라지고 두렵기 시작했습니다. 아내가 집을 나가버렸을 것이라는 생각이 저를 두렵게 했습니다. 저의 마음 속에 화난 감정은 완전히 사라지고 두려움만 가득 찼었습니다. 이 조그만한 일로 이혼하게 되는 건 아닌가? 염려하는 가운데 집으로 달려 들어갔습니다. 긴장하면서 문을 열었을 때 제가 들어오는 소리를 들은 아내는 현관으로 뛰어나오면서 두 팔을 벌려 제 목을 끌어안고 제게 입맞춤을 해 주었습니다. 그리고 '여보 어서 오세요.'라고 아내는 사랑스럽게 말하면서 저를 맞아주는 것이었습니다···"

그 학생 설교자는 자신의 설교에 대한 평가를 학생들에게 물었다. "여러분, 제가 한 설교에 대해서 어떻게 생각하십니까?" 필자는 아무 말도 하지 않고 그저 듣기만 하고 있었다. 교실에는 잠시 적막이 흘렀다. 그 학생은 동료 학생들에게 다그쳐서 다시 질문을 했다. "왜 아무 말씀도 없으십니까? 느낀 점에 대해서 이야기해 보세요." 그러자 어떤 학생이 손을 들고 일어섰다. "예화가 참 좋았습니다." 또다른 학생이 입을 열었다. "그게 설교가 될 수 있습니까?" 학생들은 설교에 있어서 신학에 관한 열띤 논쟁을 하기 시작하였다. 이 이야기는 자신의 아내에 의해서 용납받고, 사랑받은 것을 비유로 하여 하나님과 멀어졌던 우리들의 관계와 그분의 사랑과 용납하심 그리고 은사에 대한 설명을 하려고 했던 것으로 이해 된다. 그것이 자기 이야기에 대한 신학적 작업이라고 한다면 그 이야기가 성경을 설명하는데 얼마만큼 가까운 내용인가? 성경의 초점을 흐트러뜨리는 내용은 아닌가? 하는 것이 연구되어야 할 것이다. 이 예화가 훌륭하다고 단정해서 평가할 수는 없으나 예화를 통해서 성경의 진리를 우리의 삶의 정황 안에서 설명하려고 한 의도는 훌륭한 것이라고 볼 수 있겠다.

여러 해 동안 필자의 설교학 강의는 학생들에게 이런 형태의 설교를 요구하였던 것이다. 성경 본문의 설명에 있어서 그들 자신의 이야기를 엄선하여 신학화시켜서 적용시키는 작업을 해 왔던 것이다. 이와 같은 형태로 준비되지 않은 설교에 대해서는 재구성하여 다시 시도하도록 요구했으며, 다시 구성된 설교는 확실히 더욱 이해하기 쉬웠고, 부드러웠던 것을 확인할 수 있었다. 이렇게 설교를 한 후에는 설교학 강의를 듣는 학생들과 더불어 예화로서의 자기 이야기에 대한 감정적이고, 지적이며, 행동적인 반응에 대해서 심도 있게 토의를 하게 되었다. 이같은 설교로 학생들 서로 간에도 많은 은혜를 받고 있다는 것에 놀라지 않을 수 없었으며, 성경의 진리를 현실적으로 이해하게 되는 것을 발견할 수 있었다. 그렇게 됨으로써 필자에게서 설교학을 배운 학생들은 설교자 자신의 삶에서 나타난 이야기들을 설교에서 청중들과 나눔으로써 많은 은혜를 끼치고 있는 것이다.

설교자는 하나님의 역동적인 사역의 장으로서의 삶에 대해서 더욱 관심을 갖고 관찰하게 되는 것이다. 이렇게 삶의 정황 속에서 설교의 소재를 찾는 것은 하나님의 역사와 설교를 연결하는 작업인 것이다. 설교자들의 매일의 삶을 통해서 하나님의 세미한 음성을 듣고자 하게 되며, 하나님께서 역사 하시는 그 손길을 보게 되고, 하나님의 사랑을 느끼게 되는 것이다. 이같이 성경 본문과 설교자 개인의 삶과의 대화를 시도하는 일들은 설교에 있어서 최선의 방법은 아니지만 매우 좋은 설교 방법 중의 하나라고 확신한다.

2

자기 이야기의 형태

설교에서 1인칭을 사용하는 경우들은 대체로 설교자의 과거나 현재에 대한 이야기를 하는 경우일 것이다. 자기 이야기에 대한 형태들의 연구에 있어서 크게 네 가지로 나누고 있다. 이것들은 내용, 기능, 자기가 드러나는 정도에 따라서 서로 뚜렷하게 구분되어지는데 이를테면 예화, 회상, 고백 그리고 자기 소개 등이다. 설교에서 자기 이야기를 하는 설교자는 그 형태에 있어서 어느 한 가지를 선택해야만 할 것이다. 이 형태들을 이해하는 것은 설교자가 자기 이야기를 어떤 방법으로 할 것인가에 큰 도움을 줄 것이다. 뿐만 아니라 다른 사람의 이야기를 예화로서 어떻게 사용할 것인가에도 적지 않은 도움이 될 것이다.

(1) 예화로서의 자기 이야기

필자는 예화를 사용할 때 1인칭 단수로 사용되는 것, 즉 자신의 이야기가 예화에 사용될 때 그것이 더욱 효과적이고 듣는 이로 하여금 많은 확신을 준다고 생각한다. 그러한 예화들은 일반적으로 분석해 보면 자신의 어린 시절에 대한 이야기와 가정에 대한 이야기 또는 자신의 목회 현장에서 생긴 일들이나, 일상에서 일어난 사건들 그리고 여행과 다른 사람을 만나면서 발생되는 일들에 기초되어 있는 것을 볼 수 있다. 이와 같은 경험들을 잘 다듬어서 설명할 때 좋은 예화가 될 수 있다. 어떤 설교자에게 있어서는 예화로서 생활 주변에서 되어진 일들을 거의 사용하지 않는 사람들도 있는가 하면, 또 어떤 사람에게 서는 너무 빈번하게 이런 이야기들을 사용하는 것들을 보게 된다. 예화는 설교자가 하고자 하는 내용을 더욱 돋보이고, 충분히 설명하기 위해서 존재하는 것이다. 예화의 생명은 설교를 돕고 메시지를 섬겨야만 하는 것이며, 이것이 결코 주인이 되어서는 안된다. 예화로서의 자기 이야기도 이와 같은 맥락에서 이해되어져야 한다. 설교에 있어서 자기 이야기를 통한 자기 과시는 절대로 있어서는 안된다. 메시지의 핵심인 하나님과 예수 그리스도의 사역, 성경의 내용이 드러나야만 하는 것이며, 그것을 더욱 쉽게 이해하도록 하기 위해서 자기 이야기가 사용되어져야 할 것이다. 이런 목적을 충분히 이해하고 본문의 시녀로서 1인칭 단수로 사용되어지는 자기 이야기와 체험이 설명된다면 설교에서 상당한 효과가 발생될 것이다. 그러나 이것도 본문과 연관해서 사건 중심의 이야기가 설명되어져야만 하는 것이지, 설교자 자신의 출신 배경 등은 깊이 알려지는 것이

좋지 않다.

칼 바르트(Karl Barth)의 설교를 살펴본다면 그는 거의 자신의 이야기를 하지 않는 편에 속한다. 그러나 간혹 자기 이야기를 하는 경우가 있는데 "나의 백성이 되라!"라는 그의 설교에서 필자가 지금 설명하고 있는 좋은 예가 제시되고 있다.[1] 바르트는 강조하기를 우리를 향하신 하나님의 뜻은 거룩하고, 순수한 것이며, 우리가 그 뜻대로 거룩하게 살아야 하며, 옳지 않은 것과 섞이는 것은 언제든지 거부해야 한다는 내용의 설교였다. 그는 이것을 비유를 통해서 더욱 명확하게 설명하려고 시도하였다. "하나님께서는 우리를 의사와 같이 치료하기를 원하십니다. 환자들이 복용하기를 싫어하는 아주 쓴 약을 의사들이 처방하는 것과 같이 우리가 싫어하지만 해야만 하는 것들이 있습니다."[2] 이때 바르트는 자신의 어린 시절 매일 아침마다 간유(Cod - Liver oil)를 먹어야 했던 것을 예로 들어서 설명을 했다. "간유의 맛은 정말 좋지 않습니다. 그러나 그것은 말할 것도 없이 몸이 아픈 아이에게 좋은 약이 되는 것입니다." 이같은 예화는 하나님의 원하시는 것이 우리에게는 다소 쓴 맛같이 느껴지고, 싫고, 부담스럽고, 힘들고, 어렵지만 우리가 따라야 할 것이라는 내용을 이같이 자신의 이야기를 통해서 설명하려고 한 것이다. 이같이 예화의 역할이란 강조하고자 하는 성경의 내용을 효과적으로 설명시키는 것이다. 본문의 내용이 예화를 통해서 충분히 설명되어지면 그것은 예화로서의 생명을 다한 것이며, 그리고는 곧 그 예화를 잊어버려야만 한다. 설교에 있어서 설교자 자신의 이야기는 절대로 그 자체로서 설교되어져서는 안되는 것이다. 그리고 극도의 개인적인 이야기는 예화로서는 적합하지가 않은 것이다. 바르트는 말하기는 예화를 사용하기 전에는 반드시 그 초점을 생각할 필요가 있다고 주장했다. 그 예화들이 과연 본문의 내용과 비교해 볼 때 적합한 것인가에 대해서 심사숙고할 필요가 있다는 것이다. 그가 아프기 때문에 간유가 필요했던 것인가? 아니면 간유를 먹는 것은 그저 어린 시절 누구나 먹어야 하는 풍습인가? 그의 부모는 간유를 강제적으로 마시게 했는가? 만약에 그렇다면, 어머니가 그랬는가? 아버지가 그랬는가? 또 간유를 먹는 척하고는 아무도 보지 않을 때 화장실에 가서 그것을 뱉어버리지는 않았는가? 간유의 맛은 다른 어떤 것과 비교될까? 언제부터 간유가 몸에 좋다는 것을 이해하게 되었는가? 부모의 입장에서 맛이 없는 간유를 자식에게 먹이는 심정은 어떠했을까? 등의 자신이 어렸을 때의 간유에 얽힌 여러 가지 상황의 질문을 생각해 볼 수가 있지만 바르트의 주장으로는 본문을 설명하려는 의도에서 벗어난 질문들은 절대로 본문에 접근시켜서는 안된다는 것이다. 만일 이런 것을 하나씩 설명하려고 한다면 본문이 설명하고자 하는 하나님의 섭리에 대해서는 전혀 접근하지 못하고 엉뚱한 이야기로 시간을 채울 수밖에는 없는 것이다. 그리고 이런 쓸데없는 내용이 비중을 차지하면 할수록 본문의 의미는 약화될 수밖에 없다는 사실을 기억해야 한다는 것이다. 항상 비유로서의 자기 이야기를 할 때에 결코 잊어서 안될 것은 바로 비유의 기능이라는 차원이다.

(2) 회상으로서의 자기 이야기

필자는 1인칭 단수를 사용하여 말하게 되는 구체화된 자기 이야기로서의 회상에 대해서 진술하려고 한다. 물론 예화로서의 자기 이야기와 회상으로서의 자기 이야기 이 두 가지는 서로 비슷한 점을 공유하고 있지만 필자는 예화와 회상을 구태여 구분하려고 하는 것이다. 그 몇 가지 차이점을 제시해 본다면 두 가지 모두 개인적인 내용이며, 과거에 되어졌던 일의 기억된 이야기라는 점에서는 유사하지만 예화가 최근 사건에 초점을 맞추는 것이라면 회상은 더 먼 과거의 일이라는 점이다. 또 다른 차원에서 예화와 회상의 특성과 차이로서는 회상으로서의 자기 이야기가 예화의 그것보다는 더 구체적인 묘사라는 점이다. 일반적으로 이같은 구체성에는 예화가 갖지 못하는 감정적인 면이 많이 내포되어 있다고 볼 수 있다. 그래서 회상은 슬픔과 기쁨에 대한 감정이 음색에서부터 차이가 있다는 것이다. 즉 예화로서의 자기 이야기가 사실을 전달하는 기능을 가지고 있다면 회상으로서의 자기 이야기는 감정을 실어서 전달하는 것이라고 할 수 있겠다. 반복되는 내용이지만 회상이란 단순히 한 가지 사실을 청중이나 독자들에게 전하는 예화 이상으로서 구체적이고, 감정적이라는 점이 차이점인 것이다. 회상으로서의 자기 이야기에 있어서 만일에 청중들이 그 전개된 내용을 기억하지 못한다면 그 본래적 메시지도 기억하기 어려운 관계에 놓이게 되는 것이다. 즉 회상 속에 메시지를 담아서 전달해야 한다는 것을 의미한다.

휴즈 라티머(Huge Latimer)는 "자서전적 예화와 회상간의 긴장"이 있다고 했는데 이것은 중세기의 설교 형태와도 유사한 것이다.[3] 1549년 라티머가 에드워드(Edward) 왕 6세 앞에서 첫 설교를 할 때의 이야기는 유명한 것으로서 그의 설교의 서두에서 다음과 같은 문장으로 시작하였다. "저의 아버지는 중류 농민(Yeoman)이었습니다만 아무런 농지도, 재산도 갖지 못한 분이셨습니다." 이렇게 시작되는 그의 회상으로서의 자기 이야기는 설교의 예화였을 뿐만 아니라, 당시 16세기 영국의 사회 상황을 단적으로 반영해 주는 내용이었다.[4] 이것은 농민들이 노예가 되어왔다는 사실을 강조함으로써 사회 개혁을 요구하는 예화였던 것인데 이것은 단순히 사회적 정보를 제공하는 것 이상이었던 것이다. 라티머는 영국의 이같은 사회적 문제나 환경의 변화로 인해서 그 자신이 지금 분노하고 있다거나, 화가 나 있다는 말을 한 것은 아니었다. 다만 청중들은 그 내용을 들음으로써 그러한 감정들을 가지게 되는 것이다. 라티머는 자신의 아버지를 회상함으로써, 그분께서는 충실하게 왕을 위해서 살아오셨고, 자신과 가족들을 위해서 그리고 자신의 땅을 갖지 못하고 있는 더 가난한 사람들을 위해서 할 수 있는 한 최선을 다하면서 살아오셨음에 대해서 감사와 만족을 표시한 것이었다. 이러한 구체적인 회상들은 직접적 분노보다도 훨씬 더 설득력이 있는 것일는지도 모르는 것이다. 그는 이같이 슬픈 역사가 더 이상 이 사회에 있어서는 안될 것이라는 것을 이 회상을 통해서 강조하였다. 그리고 현재의 사회를 살펴볼 때 과거 16세기의 그 어려웠던 시절보다도 훨씬 더 잘못 살고 있다는 것을 지적했다. 지금은 왕을 위하지도 않고, 그 자녀들을 위하지도 않으며, 가난한 사람들을 위하여 물 한 잔을 대접하는 데에도 인색해 하고 있다는 것을 지적했다. 라티머의 회상의 의미는 한 가지 사건에 대한 기억이 아니고, 여러 가지 사건들을 결합하여 제시했다는 것이다. 청중들은 라티머가 더 이상 다른 이야기를 하지 않더라도 그의 이야기를 충분히 이해했을 것이다.

(3) 고백으로서의 자기 이야기

고백에 의한 자기 이야기에 대해서 정의하기에 앞서서, 필자는 고백이라고 정의할 수 없는 것들을 먼저 지적하고자 한다. 제임스 S. 스튜어트(James S. Stewart)는 설교 중에서 "나는 내가 믿는 하나님의 약속이 변함없이 영원하시다는 사실을 알 것만 같습니다."라고 말했다.[5] 개인적 신념의 진술, 그것도 확신이 없는 진술들은 여기에 포함되지 않는다. 그리고 단순히 자기의 죄를 고백하는 것도 여기에 포함되지 않는 것이다. 바르트의 설교 중에 "나는 여러분 모두보다도 더 악한 죄인임을 고백할 준비가 되어 있습니다."라고 했는데 이것도 적합한 것은 아니다.[6] 다시 말하지만 여기에서 초점은 자기 신념과 죄의 고백은 여기에 해당되지 않는다는 것이다.

여기에서 논하고자 하는 것은 영적 체험의 개인적 고백으로서의 자기 이야기 또는 신앙적인 차원에서 자서전적인 역사의 진술, 영적 갈등 상황의 묘사와 자신의 영적 세계에서 선과 악 간의 전투적 상황, 그리고 구원의 확신에 관한 고백 또는 개인적인 삶에 있어서 하나님께서 역사하신 그 증거들을 고백하는 것을 의미하는 것이다.[7] 일반적으로 예화와 마찬가지로 고백도 역시 설교자의 의미 있는 체험을 설명하는 데서부터 시작하는 것이다.

고백으로서의 자기 이야기도 역시 예화로서의 자기 이야기나 회상으로서의 자기 이야기와는 서로 구별되는 차이점이 있다. 예화가 설교자 자신의 입장에서 볼 때 일반적 사실에 초점을 맞추려고 하고, 회상은 설교자의 과거 기억에 초점을 맞추려고 하는 반면에 고백은 자기 자신에게 초점을 맞추게 되는 것이다.

조오지 구스도르프(Georges Gusdorf)가 지적한 대로 "고백은 설교자 자신에 의해서 설교자 자신의 인격을 수립하는 것이다."라고 말했다.[8] 그것은 하나님과 관계되어져 있는 자기 자신의 자서전적 표현, 즉 하나님과 맺고 있는 설교자 자신의 본성과 특성과 진실 등의 표현을 통해 하나님과 청중들 앞에서 자신의 위치를 알리는 것이다.[9] 바로 이 점이 회상과의 결정적인 차이점이라고 할 수 있겠다. 약간 어렵게 느껴질는지 모르지만 그 차이는 분명한 것이다. 다시 설명하면 회상으로서의 자기 이야기가 자기 자신을 중심으로 해서 가족과 친지, 친구 등과 연결된 이야기라면 고백으로서의 자기 이야기는 설교자 자신을 중심으로 하나님과 관계된 내용이라는 점이다.[10] 따라서 고백에 있어서도 설교자는 역시 많은 부분 자신의 이야기를 함으로써 예화를 전달하게 되는 것이다.

고백은 그 기능과 의도하는 바에 따라서 예화와 회상과는 뚜렷히 구별을 할 수 있는데 예화는 설교자가 설명하고자 하는 것을 명확하게 하거나, 묘사하는 기능을 취하고 있으며, 회상의 목적은 더욱 인상 깊게 만들려는 것이지만, 고백은 설교자 자신이 영적 체험의 주인공이 되어서 그 고백을 듣는 청중들의 그 영적 상태나, 신앙, 자세, 행위 등과 비교하게 하기 위해서 예화를 설정하려는 의도가 짙게 깔려 있는 것이다.[11]

레슬리 웨더헤드(Leslie Weatherhead)는 "사람들은 왜 교회에 오지 않는가?"라는 제목의 그의 설교에서 자신의 영적 상태와 연관하여 다음과 같이 설명을 했다.[12] 사람들이 교회에 나오는 이유는 죄에 대해 용서받기 위해서라고 전제하였다. 어떤 사람들은 영적인 죄를 범하고, 어떤 사람들은 육체적인 죄를,

또 어떤 사람들은 정신적인 죄를 범하고 나서 그들의 마음과 영혼이 지쳐 있을 때에 이 죄를 씻음 받고 다시금 하나님과의 아름다운 조화를 회복하여 은혜와 기쁨이 충만하게 되기 위해서 용서하시는 하나님 앞에 나온다는 것이다. 그리고 이처럼 용서하시는 하나님이라는 것을 지식적으로 아는 사람들과 용서하시는 하나님의 그 자비로우신 사랑을 체험한 사람과는 구별된다는 것을 그가 강력하게 설명하면서 자신의 체험, 즉 제2차 세계대전 중 수많은 사람이 운집해 있었던 YMCA 텐트 속에서 부활주일 저녁 예배를 드리던 중 그가 하나님 앞에 자신의 더러운 죄에 대해서 용서함을 받고 사죄의 확신을 갖게 된 것에 대한 고백적 설명을 했던 것이다.

이 고백으로서의 자기 이야기는 그 내용을 구체적으로 설명할 것을 요구하지는 않는다. 즉 레슬리 웨더헤드가 설명한 경우를 예로 든다면, 그는 당시의 전쟁 상황을 구체적으로 설명하지는 않았다. 그것은 불필요한 것이었기 때문이었다. 또 그 장소에 대해서도 구체적으로 묘사하지 않았다. 그것도 역시 내용과는 관련이 없는 것이기 때문이었다. 중요한 것은 그의 마음과 영혼의 상태였기 때문에 주변의 것들을 구체적으로 설명하려다가 중요한 것을 놓쳐서는 안되는 것이다. 고백의 내용 가운데는 그가 몇 주동안 교회에 출석하지 못했다고 진술을 하고 있는데 왜 출석을 못했는지에 대해서는 구체적인 설명이 없었다. 고백에 있어서는 청중들이 몰라도 될 사항 같으면 구태여 말할 필요가 없는 것이다. 영적으로 무슨 일이 발생되었는지에 대해서만 설명하면 되는 것이다.

웨더헤드가 영적인 체험을 하게 된 것을 묘사하면, 자신이 부활주일 저녁 예배에 참석해서 부활 찬송 "예수 부활했으니

할-렐-루-야, 만민 찬송하여라, 할-렐-루-야-" 이 찬송을 부르는 도중에 갑자기 하나님께서 자신의 곁에 있다는 것을 강력하게 느끼게 되었다는 것이다. 그는 마음이 뜨거워지면서 감정을 억제할 수 없었고, 하나님의 현존을 깊이 체험할 수 있었으며, 감사와 감격으로 그 예배를 드렸다고 고백하였다. 이 당시 상황을 이 땅의 언어로는 도저히 무엇이라고 설명할 수 없을 정도였다는 것이다. 그가 체험한 것은 요한 웨슬리(John Wesley)가 알더스게이트(Aldersgate) 거리에서 체험했던 것과 유사한 것이었고, 메이스필드(Masefield)가 그의 시(詩)에서 "영원한 자비(Everlasting mercy)"라고 기록한 바로 그런 것을 체험했다고 설명한 것이다. 이러한 놀라운 체험이 설교를 듣는 청중들에게도 나타나기를 바라는 마음으로 진술하는 것이 고백으로서의 자기 이야기인 것이다. 이야기의 초점은 웨더헤드 자신에게 맞추어져 있지만 하나님과 연관된 이야기였음을 발견할 수 있다. 이같이 하나님과 자신과의 관계를 설명할 수 있는 것만이 고백으로서의 자기 이야기가 가능한 것이다.

고백은 자신의 신앙 고백, 행동, 자세 등의 형태를 포함하는 것인데 웨더헤드의 개인적 고백의 목적은 단순한 예화를 넘어서 청중들의 감정에 호소하는 내용이 들어 있다고 볼 수 있다. 용서하시고, 용기를 주시는 하나님을 부각시키기 위해서 이러한 고백은 필요했던 것이다. 웨더헤드는 과거의 그에게 있었던 단순한 사건을 소개하는 정도가 아니라, 사건 그 자체를 통해서 하나님을 발견하고, 그 내용을 통해서 청중들에게 용기를 불어 넣어 주었던 것이다.

(4) 자서전적인 자기 이야기

여기에서는 화자(話者) 중심의 1인칭 단수로서 설교하는 자서전적인 자기 이야기에 대해서 설명하고자 한다. 이것은 설교자 자신이 생각하고, 느끼고, 의도하는 것과 관련된 이야기로서, 1인칭 단수로서 설교하는 대부분의 내용이 여기에 포함되리라고 본다. 이것은 다루는 바가 넓기 때문에 회상과 고백 그리고 모든 자기 이야기들을 포함한다고도 볼 수 있을 만큼 매우 광범위한 것이다. 자서전적인 자기 이야기의 묘사는 대체로 자기 소개의 형태를 많이 띄고 있다. 예를 들면 레이 파스칼(Ray Pascal)의 경우 "존재의 진실, 개인의 견해 차이에 있어서 통합과 결합, 행동의 통일성, 그리고 독특한 환경에 있어서 영성과 인격"[14]이 자서적인 자기 이야기의 요소라고 했는데 필자는 이것을 사고와 느낌과 의지를 중심으로한 자기 초점이라고 생각하고, 이것을 관계성의 총체에 있어서 자신에게 초점을 맞춘 것."이라고 해석을 하고 싶다. 말커스 빌슨(Marcus Billson)과 시도니 스미스(Sidonie Smith)는 "자서전적인 자기 이야기란 자기 정체감과 관련된 개인적인 이야기"를 의미한다고 지적했다.[15] 자서전적인 자기 이야기는 자신의 내면적 세계와 외적인 것의 관찰을 통해서 다른 사람에게 의미를 전달하고자 시도하는 예화인 것이다.

자서전적인 이야기는 자신의 생각을 말한다는 점에서는 회상과 유사하기도 하고, 또 자신의 느낌에 대하여 말한다는 점에서는 고백과도 유사한 점이 있다. 설교에서 자서전적인 자기 이야기는 다른 사람 또는 다른 문화와 맺고 있는 자기 자신에 대한 회상을 특별히 강조하는 것이다. 물론 이것은 하나님과 관계된 자기 자신을 강조하는 고백을 포함하기도 한다. 이것은 회상과 고백을 서로 연결해 놓은 것으로도 생각해 볼 수 있겠으나 아무래도 회상과 더욱 가깝다고 볼 수 있겠다. 그러나 이것도 역시 엄밀하게 생각해 보면 이 두 가지와는 다른 차이점이 있는 것이다. 즉 의도적으로 자기 자신을 특별히 나타내 보이려는 점에서 다르다는 것이다.

로렌스 스턴(Lawrence Sterne)은 특히 자서전적인 자기 이야기를 설교에서 많이 사용하는 사람으로 알려져 있다. 그는 말하기를 "자서전적인 이야기를 할 때는 설교자의 자기 정체성을 확실히 할 필요가 있고, 내용을 분명히 할 필요가 있다."고 강조했다. 이것은 청중들에게 용기를 북돋워 주기 위해서 하는 것이다.[16]

설교자가 고백을 할 때에는 듣는 이들과 공감대를 공유할 생각으로 자기 이야기를 하는 것이 가장 좋다. 설교자는 청중들의 대표자이므로 자신에 대한 이야기를 하는 것도 중요하다. 자기 이야기를 할 때 사람들은 쉽게 이해하고 동감하며, 더욱 진지한 기도를 하게 된다.

고백이나 예화와는 달리 구체적인 내용들이 매우 많다는 점에서 자서전적 자기 이야기는 회상에 더 가깝다. 자세한 내용들이 많이 포함되어 있을수록 이야기는 더욱 생동감이 있게 되며, 어느 정도까지는 필자가 종종 표현하는 대로 "청중들이 완전히 빠져들 정도의 감동을 자아내는 신비한 능력을 가진 이야기"가 될 것이다. 상세하게 묘사되는 이야기를 듣는 청중들은 그것이 자신의 일상 생활과 비슷한 내용이건, 특이한 내용이건 간에 이야기의 세계로 쉽게 몰입할 수 있다. 설교자의 자기 이야기를 듣는 청중들은 자신이 마치 설교자의 입장이 된 것처럼 진지하게 반응하게 된다. 자기 이야기를 사용한 필자의 설교를 듣고 나서 한 교인은 고백하기를 "목사님께서 설교하시는 시간 내내 그 이야기에 귀를 기울이지 않을 수가 없더라구요."라고 나에게 귀띔해 주었다. 청중들 자신의 경험은 아니지만 청중들은 설교자 자신의 이야기 속의 사건에 동참하고, 관여하여, 거기서 자기의 생활에 관한 몇 가지 결론들을 얻어내는 것이 바로 자기 이야기의 본질인 것이다. 엘리자베스 보웬(Elizabeth Bowen)은 이에 대해 다음과 같이 언급하였다. "설교자의 자기 이야기는 머릿속에 장면들을 그려보게 하므로 내용을 인상깊고 생생하게 만든다."[17]

또한 자기 이야기를 한다는 것은 설교자가 자신이 말하려는 내용을 잘 이해하고 있다는 것을 의미한다. 필자가 항상 주장하는 것은, 자기 이야기는 강단에 선 설교자의 마음 한 가운데 있어야 한다는 것이다. 선언, 확실하다고 생각되는 내용, 깊은 감화를 받은 내용 등 모든 것이 자기 이야기에서 나타나야 한다. 자기만의 이야기를 의식적으로 추구하지 않으면 설교자는 자신이 무슨 말을 하는 지도 모르게 될 것이다. 자기 이야기는 매우 구체적인 특성이 있는데 그것은 어떤 사건에 대하여 직접 본 바를 증언하는 증인의 고백과 같은 것이므로 설교자는 자신이 마치 증인이 된 것처럼 매우 솔직하고 완벽하게 자신의 경험을 묘사할 수 있어야 하는 것이다.

그렇다고 해서 자기 이야기를 무조건 장황하게만 진술할 필요는 없는 것이다(부록 1 참고). 예를 들어 에든먼드 스테임리(Edmund Steimle)는 "낯선 사람"이라는 그의 설교에서 30여 년전 범바움(Birmbaum)이라는 사람과 만났었던 일을 말하고 있는 데, 이야기의 내용은 서로의 대화에 초점을 두고 있다.[18]

재단사로 일하는 범바움은 유대인이었고 그의 아내는 기독교 신자였으며, 그의 말에 의하면 유대인이 독일의 압제를 당하고 있을 때 그의 처제는 나치 당원으로서 "자기를 도와주기는 커녕 몰인정하게 박대했었다."고 한다. 지금은 수용소에 갇혀 있는 처제에게 "음식이라도 만들어 보내야겠다."는 것이 그의 생각이지만 아내는 보낼 필요도 없다고 하기 때문에 자신이 어떻게 해야 할지를 스테임리에게 질문했으며, 그는 개인적으로는 보내주는 것이 올바른 도리라고 생각하고 있었다.

이 이야기는 매우 짤막하지만 자신의 경험에서 특정한 부분들을 찾아서 적절하게 상술하고 있는데 가령 재단사의 이름, 그가 짙은 억양으로 말했으며, 이야기를 한 장소는 가깝게 지내는 이웃 재단사의 가게였다는 내용들이 언급된 것이다. 스테임리에게 한 질문들이 대화 형식으로 전개되면서 이야기에서 말하는 문제가 무엇인지 분명히 드러나게 되며, 청중들은 각자 자신은 어떠했는가를 반성하게 된다. 여기에서는 이야기된 사건에 대해서 가정적인 추측을 하고 있지 않다. 자신이 재단사에게 어떻게 대답해 주었는지 또는 대답을 했는지 아예 안했는지에 대해서 스테임리는 언급하지를 않았다. 그는 재단사가 질문을 하게 된 배경이 무엇인지에 대해서보다는 오히려 자신이 그 대화 가운데 무엇을 느꼈는지에 강조점을 두고 있는 것이다. 그는 부끄러웠다고 했는데 모르긴 해도 그의 기독교인 아내 때문에 부끄러웠으며, 더욱 부끄러운 것은 착한 유대인 재단사의 말을 들으면서도 그야말로 하나님께 인정받을 만한 사람이라는 것을 느끼지 못한 자신이었다는 것이었다. 긴 문장으로 표현한 이 말 속에서 스테임리는 느끼고 생각하는 자신을 묘사했던 것이다. 그 다음에 그는 하나님께서는 모르는 사람들을 통해서도 우리에게 다가오시기 때문에 우리는 하나님께 감사할 수 있다고 제시함으로써 의지를 표현하는 자신을 또한 묘사하고 있다. 스테임리는 자기의 내면의 세계와 외적 세상을 관련지으면서 우리에게 교훈을 주고 있는데, 즉 그는 자신이 가지고 있는 하나님과의 관계와 사람들과의 관계를 둘 다 보여주려고 한 것이다. 그가 직접 이야기를 하지는 않았더라도 하나님의 임재는 심판과 자비로 특징지어 진다는 것을 알 수 있다.

사실 이 이야기는 인식하지 못한 하나님의 임재를 강조하는 것이며, 스테임리가 이것을 이야기한 데에는 또다른 동기가 있었다고 추측하는 것은 바람직하지 못할 수도 있다. 어쨌든 30년 동안이나 잊지 않고 있다면 이 사건은 그에게 아주 인상적이었던 것이 분명하며 그 경험을 통해 그는 여러 가지 많은 것들을 생각해 보았을 것이다. 실제로 스테임리는 자기가 이미 알고 있던 내용이었지만 마치 처음 발견한 듯한 느낌이었다고 했다. 그래서 스테임리는 과거의 일을 통해 밝히고자 하는 교훈만 전달하고 그 이상으로 벗어나지 않도록 하기 위해 위와 같은 말로 이야기를 끝맺은 것 같다. 이렇게 해야만 이야기의 결론이 드러나고 나누고자 하는 의미가 명확해 진다. 그렇게 되면 청중들은 사건 자체에 대해서는 거의 기억을 못할지 몰라도, 그 당시 스테임리가 퍽 당황해 했고, 부끄러워하며, 놀라워했었다는 것은 그들의 뇌리 속에 계속 남아 있을 것이며, 자신이 그와 비슷한 경험을 할 때 스테임리의 사건에서 도움을 얻고 해결할 수 있을 것이다.

마틴 루터 킹(Martin Luther King) 2세가 강연했던 "하나님께서는 하실 수 있다"[19]라는 제목의 설교에는 더 길고 유명한 자기 이야기가 있다. (어어서 논의될 내용을 위해 부록 2를 참고할 것) 마틴 루터 킹은 세상에 악이 편만하고 마음에 의심이 일어도 하나님께서는 모든 것을 할 수 있으시다는 믿음을 포기해서는 안된다고 제안한 뒤 하나님께서 하실 수 있는 뚜렷한 세 가지의 일, 즉 물리적인 세계를 지배하시고 죄의 세력을 진압하시며, 개개인에게 생활의 역경들에 맞설 만한 내적 능력을 공급해 주신다고 말하였다. 세 번째 내용을 설명하기 위해 그는 아주 적절한 자기 이야기를 하고 있다.

마틴 루터 킹은 자신의 24세가 될 때까지의 삶은 말 그대로 "탄탄대로였다."고 고백하면서 이야기를 시작하는 데, 그가 몽고메리 버스 회사에 대한 집단 항의(Montgomery bus protest)에 참가하면서부터 인생의 시련에 봉착했다고 서술하였다. 시간이 지날수록 더 많은 협박 편지와 전화가 걸려오고 전화 내용도 점점 심각해지자 마틴 루터 킹은 염려스러웠고 마음이 불안해지기 시작했다. 요구한 기한이 끝나는 날 걸려온 전화에서 "잘 들어, 이 검둥아. 마음만 먹으면 모두 날려버릴 수도 있어. 조금 있으면 너는 몽고메리에서 했던 일을 아주 후회하게 될 거다!"[20] 그 날 밤 마틴 루터 킹은 잠을 이룰 수가 없었다. 침대에서 일어나 집 주위를 한 번 살펴보고 나서 커피를 끓이며 앉아 있었다. 지칠 대로 지친 몸에 용기도 잃어버린 그는 결국 무릎을 꿇고 기도를 시작했다. "저의 기운은 바닥이 나버렸습니다. 남은 거라곤 아무것도 없습니다. 혼자서는 더 이상 못 버티겠습니다." 기도가 끝난 순간 마틴 루터 킹은 하나님께서 바로 곁에 계시는 듯한 신비한 느낌이 들었는데 이전에는 느껴보지 못한 것이었다. 그의 마음으로부터 확신에 찬 음성이 조용히 들려오기 시작했다. 공포가 사라지고 불안했던 마음도 차분해 졌다. 결국 사흘 뒤 자신의 집이 폭파됐지만 그는 "폭파 소

식을 듣고도 내 마음은 놀랄 만큼 평화로웠다."고 했다. 하나
님께서 마틴 루터 킹에게 역경을 견딜 수 있는 내면의 힘을 주
신 것이다.

이 짧은 자기 이야기에서 마틴 루터 킹은 생각하고 느끼고
결심하는 자아를 보여준다. 24년 간의 순조로운 삶과 갑자기
들이닥친 인생의 위협이라는 부조화에서 느끼는 심적 고통이
잘 나타나 있으며, 기진맥진한 상태에서 아무런 도움 없이 홀
로 두려워하다가 곧 새로운 힘을 얻는 모습이 잘 묘사되었다.
발생한 사건에 대한 그의 정서적 반응은 진술 형식으로 전개되
지만 듣는 이에게는 실감이 넘친다. 그가 잠을 이루지 못하고
부엌을 서성거리다 나중에는 다 포기하고 무릎을 꿇었다는 말
을 들으면서 우리는 마틴 루터 킹이 얼마나 불안해 했는지를
알 수 있다. 또한 마음의 확신을 얻고나서 그에게 어떠한 변화
가 일어났는지도 볼 수가 있는데, 집이 폭파됐다는 소식을 들
었을 때 보여준 그의 태도가 이것을 증명해 준다.

이야기에 등장하는 인물은 마틴 루터 킹 하나이지만 그는
자신의 내면 상태와 외부의 세계를 극적인 방법으로 접속하고
있다. 그가 만난 "시련"은 피상적인 것이 아니라 실감나는 것
이다. 걸려오는 전화와 편지의 이야기에서 밤의 침묵을 깨고
들려오는 "잘 들어 이 검둥아 · · · "라는 말은 그야말로 긴장을
자아낸다. 매 상황마다 그는 자기의 안과 밖에서 어떤 일이 벌
어지는지를 그림처럼 보여주고 있으며, 본인과 하나님과의 관
계도 드러내고 있다. 여태껏 하나님의 능력을 의심할 만큼 심
한 고통은 없었지만 지금은 어느새 자신이 물음표의 모습으로
식탁에 기대어 엎드려 있는 것이었다. 그리고 나서 그의 마음
속에서 불안이 사라졌다는 것과 "내면의 음성"이 들렸다는 진

술을 통해 하나님께서 역사하셨다는 것을 짐작할 수 있다. 그
는 처음에는 절망 가운데 의심으로 기울다가 결국은 하나님께
서는 자신이 추측하고 예상했던 것보다도 더 위대하시다는 것
을 확신하면서 이야기를 마친다.

틀림없이 마틴 루터 킹은 자신의 이야기를 통해 청중들에게
호소하려고 했을 것이다. 설교의 처음 부분을 듣다보면 청중들
은 마틴 루터 킹이 지내온 첫 24년 간의 생활과는 전혀 다른
상황, 즉 환란과 시련을 당하며, 의지할 데 없이 공포에 떨며
꼼짝도 못하고 있는 상황으로 인도되어 마치 자신이 그 일을
당하는 것처럼 느끼게 된다. 그는 또한 이 이야기를 듣고 있는
이들도 언젠가는 "한밤 중의 컴컴함보다도 더 암담한 사태들
을 만날 수도 있다."는 것을 말하고 있다. 이러한 청중들에게
마틴 루터 킹은 자기 이야기를 들려주면서 결론적으로 청중들
로 하여금 결심을 촉구하고 있는 것이다. "이제는 이것이 나의
결심이 되도록 합시다." 이것은 아주 적절한 호소이며, 설교자
는 그 모본으로 자신의 경우를 제시해 주고 있는 것이다. "저
는 이제 더 이상 혼자서는 싸울 수 없는 지경에까지 이르고 말
았습니다." 괴로운 심정으로 하나님을 의심했던 한 남자가 새
로운 확신에 이르기 위해서는 이와 같은 기도가 있었던 것이
다. 그러나 마틴 루터 킹 자신이 추구한 대로 청중들이 공감을
느끼면서 이해하고 확신했는지는 분명하지 않다. 남아프리카
공화국의 알렌 보삭(Allan Boesak)이 자신을 암살하려는 계획
을 알고 난 뒤 들려준 자기 이야기를 생각해 보고자 한다.[21] 사
람들이 그만 두라고 사정하고 애원하는데도 불구하고 자신이
왜 계속해서 위험한 활동을 해야 하는지에 대해 그는 다음과
같이 설명했다. "여러분들 대부분이 괴로움을 당하고 있습니

다. 너무나 가혹한 고통이기에 저와 제 아내는 그것을 말하기로 결심했습니다. 그래서 저는 이런 이야기를 하는 것입니다."[22] 아마도 이와 동일한 생각으로 마틴 루터 킹도 자신의 이야기를 했을 것이다. 그가 청중들을 자기화 시키기 위해서는 그가 목숨을 잃을지도 모르는 일을 계속하는 이유가 무엇인지를 이해시켜야 할 필요가 있다. 청중들이 설교자의 이야기를 이해하면서 동시에 그가 하는 일을 인정해야 한다는 것은 중요한 사항이다.

지금까지 언급된 자기 이야기의 네 가지 유형을 비교하고, 대조해 보는 것이 도움이 될 것이다. 자기 이야기라는 것은 청중들이 가장 쉽게 이해하고, 받아들일 수 있는 1인칭 단수의 이야기로서 지금까지 계속 설명되어진 것이다. 이 책의 나머지 부분에서는 자기 이야기의 가능성과 문제점을 다루게 될 것이다.

Notes

1. Karl Barth, Deliverance to the Captives, trans. Marguerite Wieser (New York : Harper & Brothers, 1961), 60~66.
2. Ibid., 64.
3. See. e.g., Charles Smyth, The Art of Preaching : A Practical Survey of Preaching in the Church of England 747 - 1939 (London : SPCK, 1953), 108~109.
4. Hugh Latimer, Sermons by Hugh Latimer, ed. George Elwes Corrie (Cambridge : University Press, 1844), 101.
5. James S. Stewart, The Winds of the Spirit (Nashville : Abingdon Press, 1968), 123.

6. Barth, Deliverance to the Captives, 37.

7. See, e.g., Paul Delany, British Autobiography in the Seventeenth Century (Boston and London : Routledge & Kegan Paul, 1969), 32 ～37.

8. Geoges Gusdolf, "Conditions & Limits of Autobiography," in Autobiography : Essays Theoretical & Critical, ed. James Olney (Princeton : Princeton University Press, 1980), 44.

9. William J. O'Brien, "Toward Understanding Original Sin in Augustine's 'Confessions,'" Thought (December 1974) : 437.

10. See Francis Hart, "Notes for an Anatomy of Modern Autobiography," New Literary History 1 (Spring 1970) : 491.

11. In this regard it is interesting to note Jurgen Moltmann's stated intention for his autobiographical essay : "This story of conflict can certainly provide other people with reasons for beginning to become a Christian" Experiences of God, trans. Margaret Kohl(Philadelphia : Fortress Press, 1980), 4.

12. Leslie D. Weatherhead, The Significance of Silence and Other Sermons (Nashwill : Abingdon - Cokesbury Press, 1945), 103～112.

13. Ibid., 117.

14. Roy Pascal, Design and Truth in Autobiography (Cambridge : Harvard University Press, 1960), 98.

15. "Lillian Hellman and the Strategy of the 'Other,' in Women's Autobiogra -

phy : Essays in Criticism, ed. Estelle Jelinek (Bloomington : Indian University Press, 1980), 163.

16. Quoted in Wayne C. Booth, The Rhetoric of Fiction (Chicago : University of Chicago Press, 1970), 237. Richard Wright may speak for many listeners : "One feels not so much alone when,

from a distant witness, supporting evidence comes to buttress one's own testimony," in the Introduction, George Lamming, In the Castle of My Skin (New York : MacMillan Co., Collier Books, 1970), vi.

17. Elizabeth Bowen, "Autobiography as an Art," The Saturday Review of Literature (17 March 1951) : 9.

18. Edmund A. Steimle, God the Stranger : Reflections About Resurrection (Philadelphia : Fortress Press, 1979), 11~16.

19. Martin Luther King, Jr., Strength to Love (Philadelphia : Fortress Press, 1981), 106~114.

20. Ibid., 113.

21. Allan Boesak, Walking on Thorns : The Call to Christian Obedience (Grand Rapids : Wm. B. Eerdmans, 1984), 42~49.

22. Ibid., 45.

3

자기 이야기의 필수적 지침

이 장에서 1인칭 단수를 사용하여 설교하는 경우와 형태들에 대해서 설명한 바 있었다. 여기서는 자기 이야기를 할 때에 필수적인 지침들과 특성에 대해서 논의하고자 하는데 이것은 이야기의 형태에 대한 것보다는 더 중요한 것이라고 할 수 있겠다. 자기 이야기 속에서 이런 특징들을 잘 사용한다면 예화나 회상 또는 고백의 하나가 아닌 자기 이야기의 독특하고도 강한 느낌을 줄 것이다. 또한 이런 방법은 자기 이야기를 할 때 항상 나타나는 일종의 위험들을 막아주기도 할 것이다.

(1) 깨달음

자기 이야기를 하는 설교자가 그 이야기에서 어떤 깨달음을 감지하는가?의 여부는 매우 중요한 사항이다. 앞서 말한 사건들은 설교자의 방향이 전환되거나 장면이 바뀔 때도 도움을 주는 것이어야 하며, 계속하여 설교자는 이야기의 내용과 거기서 얻는 중요성을 분명히 진달할 수 있어야 한다. 이와 같이 자신이 공언할 만한 새로운 발견이 없이 이야기를 끝내 버린다면 그것은 자기 묘사의 형태와는 다른 것이 되고 만다. 가령 스테임리과 재단사 범바움씨의 대화 내용이 그 재단사의 질문에서 끝을 맺는다면 그것은 아마 그리스도인의 윤리에 대해 생각해 보도록 하는 회상으로서의 자기 이야기의 효과는 있었겠지만 다른 특별한 의미는 없는 대화일 수밖에 없을 것이다. 스테임리가 "인식하지 못하는 하나님의 임재"라는 말로 이야기를 이어가지 않았다면, 그가 말하고자 하는 취지가 무엇이었는지, 그가 무엇을 드러내고자 했는지는 알기 어려웠을 것이다. 자신의 깨달음을 언급하지 않았다면 스테임리의 이야기는 자기 자랑을 늘어놓는 말이 될 수도 있다. 그가 하나님의 보이지 않는 섭리에 대해 시인하지 않았다면 청중의 인상 속에 스테임리라는 사람은 재단사와 친한 친구이거나 문제에 놓인 사람들을 상대하기 좋아하는 사람 정도로 남을 것이다. 그러나 하나님을 시인하게 될 때, 비록 사소한 경험이라고 할지라도 그것은 실제적으로 더욱 의미 깊은 사건이 된다. 대화를 통해 스테임리는 재단사, 자신 그리고 하나님에 대해서 무엇인가를 깨달은 것이다. 이 이야기는 스테임리의 깨달음에 최종적인 초점을 두고 있다. 결국 이 이야기는 스테임리 자신의 이야기로 시작하여 하나님을 드러내면서 끝을 맺는다.

설교 중에 하는 자기 이야기로는 드문 경우이지만, 데오도르 페리스(Theodore Ferris)는 자신이 원고나 노트 없이 설교를 하다가 작은 카드에 설교를 개요만 작성하는 습관을 들이게 된 과정에 대해 설명을 했었다.[1] 그는 설교를 시작하면서 곧 예화를 이야기할 것처럼 "가령 저는···" 이라는 말을 사용하였다. 뒤따라 전개되는 내용은 역시 자기 이야기의 성격이 강한 내용임이 분명했다. 그는 12년간 원고와 노트 기록 없이 설교를 해 오면서 자연히 신경과민, 걱정, 불안에 시달렸다고 언급했는데, 바로 자신이 설교할 내용의 개요를 잊어버릴 지도 모른다는 두려움에서 오는 불안감이었다고 한다. 그는 자신이 왜 그렇게 불안해 하고 있는지 자문해 보기 시작했고, 곰곰이 생각한 끝에 개인의 지적 능력은 하나님의 복음을 전하는데 별반 도움이 안된다는 것을 발견했다. 그는 끊임없이 불안을 자아내는 이런 과정을 단지 자기 능력에 대한 만족감을 얻기 위해서 계속해 오고 있었다는 것을 알게 된 것이다. "저는 그것을 일종의 자랑거리라고 생각했었지요."라고 그는 고백했다. 이런 사실을 깨닫고 인정하고 난 후 페리스는 설교의 방법을 바꾸게 되었다. "그 이후 줄곧 저는 원고를 작성합니다. 그리고 저를 짓눌렀던 설교에 대한 불필요한 걱정도 사라지게 되었습니다." 계속되는 불안감이 사라졌건, 그렇지 않았건 간에 이야기의 핵심은 페리스가 자신의 설교 방법을 바꾼 것에 있지 않다. 중요한 점은 자신이 스스로 깨닫고 바꾸었다는 것이다. 이런 사실이 간과된다면 자기 이야기는 설교자를 위한 좋은 설교 지침 자료가 될 수는 있어도 본질적으로 자기 이야기라고 할 수는 없을 것이다. 페리스는 청중들이 그에 대해 잘했다는 생각만

갖게 하는 것이 아니라 이 이야기가 자신과 무슨 관계가 있는지를 생각하게 하는 것이다. 그는 자신의 교훈을 통하여 매일의 의무감에 억눌린 청중들에게 약속을 주게 된 것이다. 그의 말처럼 하나님께서 당신의 일을 스스로 돌보시도록 할 때 우리는 자유롭게 된다.

설교자의 자기 이야기가 단순한 개인의 경험담 이상으로 청중들에게 진정한 의미를 느끼도록 하기 위해서는 일종의 깨달음을 제시해 주어야 한다. 필자는 설교 단상에서 자기 이야기를 점점 더 많이 활용하고 있다. 그러나 자신과 남들과 하나님에 대한 어떠한 깨달음이 반영되지 않은 이야기는 한 번도 말한 적이 없다고 자신있게 말할 수 있다. 2년전 필자가 강의를 맡고 있는 신학대학원에서 졸업식 때 있을 성찬 예식에서 설교를 부탁받고, 이사야 42장 1~9절을 주제로 설교 준비를 했었다. 필자는 설교 준비를 하면서 3절을 읽다가 더 이상 읽어 내려갈 수가 없었다. "상한 갈대를 꺾지 아니하며, 꺼져가는 등불을 끄지 아니하고···"라는 이 구절을 읽을 때마다 필자는 거의 20년전 목회자로서 첫 교구를 맡은 곳에서 마지막 몇 주간 겪었던 일들로 되돌아 가는 것 같았다. 그 몇 주 동안에 3명의 젊은 형제가 폐렴과 뇌막염 그리고 여러 심각한 병으로 인해서 목숨을 잃고 말았다. 나와 그들의 유가족 모두가 그야말로 상한 갈대요, 꺼져가는 등불이었다. 이제 졸업을 하면 대부분이 목회자로서 봉사할 학생들에게 이 이야기를 꼭 말하고 싶었다. 졸업 설교로 이런 이야기를 하고 싶었던 첫 번째 이유는 현장에서 일하다 보면 아주 어려운 일도 만나게 될 것이라는 사실을 학생들에게 주지시켜 주고 싶었기 때문이었는데, 인턴 시절이나 학업을 하는 동안에는 이런 일들을 경험하지 못할 수도 있기 때문이다. 좀더 솔직히 말하자면 졸업반 학생들 앞에서 말하고 있는 본인은 이미 목회가 무엇인지 겪어본 선배라는 것을 내세우고 싶어서였다. 그러나 한편으로는 석연치 않은 생각이 들었는데 그 첫 번째 이유는 그것이 깊이 고민할 만큼 중요한 문제가 아닌 것 같았고, 두 번째 이유는 그것을 잘못 말했다가는 자기 자랑으로 빠지기 쉬울 것 같았던 것이다. 필자는 자신에게 계속 질문해 보았다. 그러면 그 몇 주 동안에 네가 배운 것은 무엇인가? 너는 뭔가 깨달은 것이 있었는가? 여기에 대답하기 위해 여러 집들, 병원들, 장례식을 치르는 가족들을 심방하고 장지에 따라갔던 그때의 일들을 되새겨 보았다. 걱정과 슬픔 그리고 무슨 말을 어떻게 해야 할지, 문제를 수습하기 위해 무엇을 해야 할지 몰라서 우왕좌왕하면서 자신의 무능함에 대한 탄식의 눈물을 흘렸던 일을 생각하지 않을 수 없었다. 그러면서 필자가 거기서 깨달았던 것들을 곰곰이 생각해 보았다. 필자는 하나님께서 이사야를 통해 4절에 말씀하신 "그는 쇠하지 아니하며, 낙담하지 아니할 것." 이란 약속을 지키셨다는 것을 깨닫게 되었다. 그때의 문제들이 어떠한 방법으로 해결되었든지 그것은 6절의 말씀과 같이 "손을 잡아 · · · 보호하신" 하나님의 돌보심 때문이었다. 또한 내가 아니라 하나님께서 상한 갈대가 꺾이지 않고 꺼져가는 등불이 꺼지지 않도록 지키신다는 것도 알게 되었다. 우리가 무능하고 쓸모 없는 자라고 할지라도 하나님께서는 우리를 귀히 보시며 우리에게 명령하신 그 약속들을 지키시는 분이라는 것을 졸업생들과 함께 나누고 싶었던 것이다. 학생들이 나와 함께 "여호와께 새 노래로 찬양(10절)" 하기를 진심으로 원했던 것이었다.

자기 이야기를 서술하고 설교하는 사람 중 하나인 존 킬린

저(John Killinger)는 설교자가 자기 이야기를 할 때 의도적으로 자신의 뛰어난 점만을 말하려는 것에 각별히 주의하라고 충고한다. 그는 "어떤 이야기든지 설교자의 서투른 면모나 실패, 어수룩함을 드러내는 내용도 설교에 큰 도움이 될 수 있다."고 주장한다. 지금까지 제시된 예들을 통해 그의 주장을 고찰해 본다는 것은 무리일 것이다. 세 설교자들 모두는 자신의 나약했던 순간들을 보여주고 있다. 스테임리는 용서할 줄 모르는 한 그리스도인과 더 나아가서는 낯선 이에게 하나님을 소개할 준비가 되어 있지 않았던 자신을 부끄러워했던 것을 소개했고, 페리스는 걱정거리에 눌려 있으면서 또한 자만했었던 점을 서슴없이 드러냈으며, 필자 역시 화를 내기도 하고, 무기력했었던 단점을 나타내 보인 것이다. 이 세 사람들의 자기 이야기를 통해서는 그들의 위대한 점이라고는 보이지 않는다.

이러한 예들을 깊이 생각해 볼 때 킬링거의 말은 아직 끝나지 않았다는 것을 느낄 수 있다. 스테임리가 자신을 부끄러워했을 수도 있지만 그럼에도 불구하고 그는 하나님을 만나게 된다. 페리스는 더 이상 근심에 눌려 있거나 자만하지 않는다. 나 역시 나 자신의 연약함 속에서 역사하고 계시는 하나님을 선포하지 않을 수 없게 되었다. 이들 중 실패로 이야기를 마친 사람은 하나도 없다. 모두가 끌어올림을 받았으며, 이 사실 역시 이야기해야 할 부분인 것이다. 하나님의 완벽한 드라마는 인간의 배신으로 시작되지만 하나님의 용서로 끝을 맺는 것이다. 이들은 단순히 죄를 자백하는 이야기가 아니라 신앙 고백의 이야기인 것이다. 원저린의 말처럼 "이와 같은 자기 이야기에는 자랑이 있을 수 없다. 이런 엄청난 고백 속에서 어떻게 개인적인 자랑을 발견한다는 말인가?" 이런 이야기들이 설교자를 훌륭하게 묘사하고 있지 않는 것은 물론이다. 그러나 이 이야기들은 청중의 시선을 하나님께로 향하게 하며, 언약을 지키시고 사람들을 근심과 무기력에서 구출하여 주시는 분으로 드러내고 있는 것이다. 자기 이야기를 할 때 부정적인 측면으로만 끝내 버리면 하나님께 영광을 돌리는 데도 결과적으로 실패하고 마는 것이다.

(2) 전인적 인격

자기 이야기에서 중요한 두 번째 요소는 생각하고, 느끼고, 원하는 자신의 모습을 보여주는 것이다. 자기 이야기는 내적인 역사를 발표하는 무대와도 같은 것으로 H. 리차드 니버(H. Richard Niebuhr)가 말했듯이 "내면의 역사에서 관심이 모아지는 것은 그 주체이다." 여기에 나타나는 것은 "언제나 행위(~ing), 즉 아는 것, 하려고 하는 것, 믿는 것, 느끼는 것 등이다. 그것은 과거에 어두움 속에 있던 자신이 어떻게 해서 다시금 나무들과 햇빛, 아이들의 얼굴, 친구들의 눈동자를 보며 즐거워하게 되었는지를 말해 준다.

모든 설교자는 청중들에게 설교를 통해서 전인적 인격을 나타내보이게 되어 있다. "그것을 의도적으로 드러내건, 그렇지 않건 간에 개인의 인격은 설교를 통해서 직접적으로, 때로는 암시적으로 드러나게 되어 있다." 는 것은 D. W. 클레버리 포드(D. W. Cleverley Ford)의 주장이다.

여하튼 우리가 주목할 부분은 1인칭 단수의 화법을 통해서 의도적으로 자기를 언급함으로써, 또는 암시적으로 자신을 언급하는 것이다. 자기 이야기는 직설적으로 하지 않고 암시적으

로 할 수도 있을 것이며, 또한 의도적으로 자기 이야기를 해 나
갈 수도 있을 것이다. 이 두 가지 중 한 가지 방법만으로는 자
기 이야기를 효과적으로 할 수 없을 것이다. 활자화된 설교문
의 경우에는 설교자가 자신에 대해 한 두 가지 정도는 소개할
수 있겠지만 종합적인 자신의 면모를 드러내기는 쉽지 않다.

한 두 가지의 자기 소개가 나타난 설교의 예는 많이 있다.
그 중 한 가지가 웨더헤드의 설교문인데 "침묵의 중요성"이라
는 제목의 설교에서 그는 서로 관련된 두 이야기를 통해 자신
의 이야기를 소개하고 있다. 첫 번째 이야기는 웨슬리가 9월의
어느 날 이른 아침에 산책을 하던 이야기 이다. 그의 이야기에
는 묘사와 서술이 포함되어 있다. "태양은 지평선 위로 자태를
드러내기 시작했고 풀밭에는 긴 그림자가 드리워졌습니다. 마
치 마법에 홀린 듯이 내게는 매우 아름다운 순간이었습니다."
웨더헤드는 이와 같이 독자들에게 자기의 느낌과 감응을 묘사
적으로 잘 전달해 주었다. 서술적 표현을 통해 웨더헤드가 무
엇을 생각하고 느끼고 있는지를 보여주면서 다음과 같이 이어
진다. "저는 아주 신비로운 느낌이 들었습니다. 방금 하나님께
서 창조를 끝내신 장소에 와 있는 듯한···"

두 번째 이야기의 특징은 묘사와 반응, 서술과 연결의 두 가
지를 같이 결합했다는 것이다. 여기서는 묘사의 방법이 독특하
고 더 길며 또다른 결론이 유도되고 있지만 웨더헤드는 자신이
느끼고, 생각하고, 있는 자기를 점차적으로 더 많이 나타내고
있다.

개인의 결심은 설교에서 나타나지 않는데, 다른 측면의 자기
소개가 있거나 없을 때 모두가 마찬가지이다. 가령 웨더헤드는
"침묵의 중요성"이라는 그의 설교를 의미 있고 중요한 내용의

서술로 끝맺지만 자기의 경험과 생각 때문에 그에게 어떠한 새로운 일이 일어났는지는 언급하고 있지 않다. 독자들이 설교문을 읽고 있지만 그가 어떻게 하고 있는가는 볼 수 없으며, 언제 어디에서 무엇을 계획하고 있는지도 알 수가 없다. 웨더헤드의 경험이 그에게 세상을 다른 각도로 보게 하였는지 그가 새로운 결심으로 이전과는 다른 생활을 하게 되었는지 독자들은 알 수가 없다. 결과적으로 설교문을 통한 그의 설교에서 발견할 수 있는 분명한 것은 그가 설교를 썼다는 것이며, 기억에 남는 경험을 설교에서 활용했다는 것이다. 그러나 이것은 성격이 다른 행동이며 설교에 꼭 필요한 것은 아니다.

쉽게 찾을 수 있는 설교 중에서 자기 소개가 더 충분하게 되어 있는 것으로 페르드 B. 크래독(Ferd B. Craddock)의 "찬양으로 하나님께 영광을 돌리라!(Doxology)"는 제목의 설교가 있었다. 크래독은 자기 이야기를 하면서 자신은 물론 청중들도 정서적인 이미지에 젖어들게 한다. 그의 설교에서는 "찬양으로 하나님께 영광을 돌리는 것"은 실제로 어려운 일인가? 라는 질문과 부정적인 대답이 거듭 반복된다. 그는 가정에서의 저녁 식탁, 병원 입원실, 가족 휴가, 신학대학원의 강의실, 오스트리아의 한 작은 호텔, 가족의 죽음 등 자신이 경험했던 다양한 사건들과 그 배경들을 서로 연결하려고 했다. 또한 그 사건들을 신학의 특성과도 관련지어서 하나님께 찬양으로 영광을 돌린다는 것은 신학도들에게 가장 적절한 것이라고 결론짓고 있는데 그 이유는 "신학이란 하나님에 대한(about) 학문이 아니라, 하나님께(to) 향한 학문이기 때문이라."고 그는 말하고 있다. 설교에 끝 부분에서 크래독과 우리들이 함께 깨달은 것은 송영은 절대로 부적당한 것이 아닐 뿐 아니라 "인간이 하나님께 영광을 돌리지 않는다면 그 사람이야말로 죽은 거나 다름없다.”
라는 것이다. 아마도 크래독이 하나님께 찬양 드리는 것 외에
는 아무 관심도 없는 사람일 것이라고 단정지을 수는 없다. 그
가 한 때 여기에 너무 깊게 빠져 있었던 것은 사실이지만, 우리
는 설교 자체를 통해서 무엇인가 변할 것이라는 조짐과 찬양으
로 인해서 달라진 모든 것들을 알 수 있다. 그가 설교하면서 이
야기의 전후에 자신의 경험을 말하지 않았다면 열정이 식어지
고, 신앙이 움츠러들고, 일부 신학도들이 소명감을 잃어 가는
이유를 이해하기 쉽게 설명하지 못했을 수도 있다. 더욱 중요
한 사실은 그의 설교 자체가 찬양으로 끝난다는 것이다. 크래
독의 확신에 찬 설교는 매우 효과적이었다. 우리가 찬양으로
하나님께 영광을 돌리지 않는다면 우리는 죽은 신앙이나 다름
이 없을 것이다. 그러므로 모든 것이 우리로 인하여 하나님을
통해서 이루어지며, 하나님께 향해 있다고 할 수 있다. 우리는
크래독이 자신의 경험에서 얻은 의미와 중요성을 규정하는 것
을 들을 뿐 아니라, 또 보고 있다.

　몇 달 전에 필자는 마태복음 18장 15~20절에 기초하여 설
교를 한 일이 있었다. 교회 내에서의 규율과 징계 처리에 관한
이 성경 구절을 토대로 설교해 본 적이 있는 사람이라면 누구
나 이 구절은 문제성이 있다는 것을 알 것이다. 이 구절의 시작
이 불분명할 뿐만 아니라 그 절이 설명하고 있는 행동 절차 또
한 너무나 오래된 옛 이야기이며, 오늘날에는 적용하기도 어렵
고, 효과도 없기 때문이다. 일단은 이런 사실을 솔직하게 인정
하는 것이 중요하다는 생각이 들었다. 그래서 최근에 방영된
Phil Donahue show에서, 고집스러운 한 교인을 징계한 교회의
행동을 옹호하기 위해 마태복음 18장을 언급했었던 일을 이야

기하면서 내 생각의 일부를 전달하기로 했다. 쇼에 참석한 대부분의 방청객들은 징계를 받은 뒤 교회를 고발한 문제의 교인을 지지했다. 스튜디오에서 마태복음 18장의 내용은 말 그대로 웃음거리만 되버리고 말았다. 어떤 방청객은 "교회가 개인의 사생활까지 참견할 권리는 없다."고 주장하기도 했다. 필자는 마태복음 18장을 이렇게 취급한 것에 대해 상당히 화가 났다는 것과, 그 구절에 제시된 징계를 왜 조심스럽게 다루는지에 대한 나름대로의 이유를 말해야겠다고 생각했다. 그래서 필자가 목사 안수를 받기 전에 거쳤던 구두 시험에 관한 이야기를 들려주기로 했다. 교회의 감독은 필자에게 사람들의 죄를 찾아낼 수 있는가?에 대해 질문하였다. 과연 이런 질문에 자신 있게 대답할 수 있는 사람이 있을까? '아니오'라고 대답한다면 필자는 생각도 분별력도 없이 사는 바보가 되는 것이므로 그렇게 대답할 수는 없었다. 적어도 마태복음 18장의 입장을 고수하기 위해서는 '예'라고 대답해야만 했다. 그러나 그렇게 대답하면 필자는 상대의 죄만을 들추어내려는 사람으로 여겨질 것이므로 그 역시 바람직하지는 못했다. 이 이야기를 함으로 필자는 자신이 느끼는 곤경과 분노, 육체적, 정신적으로 겪는 불유쾌한 심정을 털어놓고 싶었던 것이다. 필자는 이 질문을 아예 회피하거나 대충 무마시킨 뒤 답을 끝내고 싶었지만 그렇게 할 수도 없었다. 공식석상에서 마태복음 18장이 함축하고 가정하고 있는 내용을 단정적으로 말하는 것은 쉽지 않은 일이다.

필자는 또한 일선 교회에서 마태복음 18장을 규정적으로 제시하려고 했던 경험을 이야기하기로 했다. 단도직입적으로 말해서 그것은 별 효과가 없었다. 좀더 솔직히 고백하자면, 구절의 문맥들을 문자 그대로 적용했던 필자의 행동은 전혀 효과가 없었다고 몇 달 뒤에 인정할 수밖에 없었다. 필자는 죄가 될 만한 잘못이 발견되었어도 실제로 사람들이 마태복음 18장에 언급된 "증인"이 되려고 선뜻 나서지 않는다는 것을 알게 되었다. 또한 범죄자는 자신이 화해를 받아들이기를 거절할 수 있는 것과 마찬가지로 교회에서 제외되는 것을 거부할 수 있다는 것을 깨닫게 되었다. 이 이야기를 함으로써 사람들은 자신의 느낌과 생각을 가능한 한 정확하게 표현하고 싶어한다는 것을 다시 한 번 알려주고 싶었다.

어쨌든 이와 같은 경험들을 하면서 필자의 어떠한 점들이 변하게 되었는지를 설명해 주는 것 역시 중요하다고 생각했다. 이것을 말해주기 위해서 오늘날의 교회에서도 마태복음의 구절이 여전히 유효하다고 결론을 내린 필자의 새삼스런 입장을 표명할 생각이었다. 한편으로 생각하면 위선적으로도 보일 수 있지만 필자가 의도한 것은 오로지 에르슨트 란지(Ersnt Lange)가 주장한 바와 같이 말씀을 상고하고, 의문을 제기하고 이와 관계된 사항들을 제시하는 설교 주요 목적을 실행하려는 것뿐이었다. 필자는 문맥의 전체를 무시거나 분할해 버림으로써 이 구절을 경시하고 싶지 않았으며, 경험상으로 미루어 볼 때 구절의 각 부분을 무비판적으로 제시하고 싶지도 않았다. 이러한 결정을 통해 새로운 깨달음 하나를 얻었다. 사람들이 이 구절에 대해 어떠한 독특한 입장을 취한다 해도 여기에 나타난 원칙들은 교회의 중심이 되는 사실로 알려져야 한다는 것이다. 교회는 오직 하나님의 용서하시는 자비 안에 존재해야 살 수 있다. 교회의 징계 문제에서 가장 시급한 것은 용서이다. 잘못에 대한 차가운 눈길, 실수한 사람을 죄 가운데 내버려두는 일, 죄로 인해 소외감을 느끼는 사람을 계속해서 방치해 두는 행위들은 용서를 통해 나타나는 화목의 능력을 믿지 않는 행동들이다.

새로운 깨달음을 얻은 뒤 최근에 필자가 마태복음 18장 15~20절을 주제로 설교했을 때, 그 결과는 이전의 설교와는 크게 달랐다. 필자는 진일보한 자신의 깨달음을 징계와 용서의 관계에 연관지어 설교했다. 그리고 그리스도인의 생활에서 징계는 과거에 필자가 목사로 있으면서 이해했던 것보다도 훨씬 더 필수 불가결하다는 필자의 확신 또한 이야기했으며, 세상에 만연된 윤리적 상대주의나 의문에 휩싸여 불유쾌했었던 과거의 경험들이 있다고 해도 기록된 말씀을 의미심장하게 여길 것임을 표명했다.

어떤 의미에서 설교자가 자기 이야기를 하면서 자신의 전체적인 측면을 보여주어야 한다는 조건은 거의 불가능한 것이다. 왜냐하면 설교자를 생각하고, 느끼고, 결심하는 입체적인 인물로 드러낼 만한 예를 찾아내기가 어렵기 때문이다. 설사 그러한 경우가 있다고 해도 그것을 통해서 설교자에 대한 모든 이야기를 듣고 있다고 가정하는 것은 성급한 판단이다. 왜냐하면 자서전적인 자기 이야기는 단순한 이야기가 아니라, 명백하게 기술적으로 구상된 작품이기 때문이다. 이야기에 등장하는 사건들은 선택되고 계산된 것이므로 그 자체가 일종의 의도적인 고안인 것이다. 그것은 "사실성과 지적인 이해, 합리적인 판단, 반응적인 행동"들을 배제하기 때문에 한계가 있다.[12] 또한 "인식 정도, 거주지, 언어, ··· 바라고, 믿고, 추구하는 경향성" 등으로 인한 한계가 생기게 된다.[13] " 경제, 사회, 전통, 이념에 대한 이해의 부족"이 자기 이야기를 제한하는 요소가 되기도 한다.[14] 이런 제한들은 강단에서 자기 이야기를 하려는 설교자들에게는 불가피한 것들이지만, 사실상 모든 설교자들이 자신의 설교에서 자기 이야기를 할 것인가? 하지 않을 것인가?의 고민에 접하게 된다. 그러므로 설교자는 두 가지 경우 모두에 대해 계속적인 자기 반성을 해야 하며, 어느 한 가지의 생각에만 사로잡히는 한계를 탈피하려고 노력해야 한다.

자서전을 쓰는 작가들은 말하는 사람의 입장에서 자신을 속일 가능성이 있다는 것을 잘 알고 있다. 이러한 가능성 역시 자기 이야기를 듣는 사람들이 그 내용만이 그 사람의 전부인 것처럼 착각하게 만드는 것이다. 자기 이야기를 하면서 자기 기만적인 말을 하는 원인은 "이해할 수 있는 범위 내에서 내용의 완벽한 일관성을 이루려는 욕심에서 생겨난다."[15] 자기 기만적인 이야기에는 모순되어 보이거나 흥미가 없는 부분들을 걸러낸 "표면적인 이야기"(Cover - stories)만 전달되므로 설교자의 생활의 독특한 면을 알 수 없게 된다. 그렇다고 자기 이야기에서 자기 기만적인 이야기를 피할 수 없는 것만은 아니다. 오히려 마이클 골드버그(Michael Goldberg)는 주장하기를 자서전 작가들이 써야 할 이야기란 "자신의 삶에 나타난 부조화스럽고, 꾸밈 없는 모습 그대로를 인정하고 포용할 수 있을 정도의 개방적이고, 폭넓은 이야기이다."라고 했다.[16] 존 셔(John Shea)를 포함한 몇 사람들은 이러한 통합적이고 포괄적인 내용의 이야기를 "조건 없이 인간을 포용하시는 하나님의 이야기"라고 일컫고 있다. 이러한 태도를 가질 때에 거짓된 이야기를 쓰고자 하는 마음은 사라지고 독창적인 의욕이 싹틀 것이며, 하나님의 현존하심, 은혜, 능력에 전적으로 의지하는 설교자들은 솔직한 자기 이야기를 할 수 있을 것이다.

(3) 상호 관계

자기 이야기에서 가장 중요한 사항 중 하나로서 설교자의 이야기는 단순히 간직되어 있는 한 때의 경험을 들려주는 것 이상이 되어야 한다는 것이 필자의 생각이다. 자기 이야기를 할 때에는 설교자와 설교 내용간에 밀접한 상호 관계가 있도록 해야 하는 것이다. 이것은 설교자가 자신의 경험한 사건을 어느 정도까지는 상세하게 묘사해야 한다는 것을 의미한다. 어떠한 경우든지 사건의 안과 밖에서 일어나는 일들은 상호 일치가 되어야 하며 청중들이 이야기를 들으면서 장면을 연상할 뿐 아니라 자신이 이야기의 주인공이 된 것처럼 느낄 만큼 이야기에 몰두하게 해야 한다. 예를 들어 마틴 루터 킹이 모든 것을 포기한 채 탁자에 기대어 하나님께 기도를 하게 된 데까지는 그에게 어떠한 일들이 있었는지를 청중들은 알아야 할 것이며, 그에게 날아온 협박 편지들과 전화에서 들려온 "잘 들어, 이 검둥아"라는 말을 청중들은 들을 필요가 있었던 것이다. 이러한 구체적 표현이 없다면 가슴 깊이 새겨 있는 마틴 루터 킹의 경험은 한낱 추상적인 것으로만 들릴 것이다. 또한 설교자와 설교 내용 그리고 청중들간에 밀접한 상호 관계를 가져야 한다는 것은 설교자의 경험이 청중들의 생활에 직접 연결되어야 하며, 역동적인 하나님의 임재와도 연결되어야 한다는 것을 말한다. 이러한 연결성이 없는 이야기는 자신을 속이는 것일 뿐 아니라, 설교의 의도를 바로 전달하는 역할도 할 수가 없게 된다. 그런 말씀이 선포된다는 것은, 설교자 자신의 이야기가 청중들이 자신의 삶과 어떤 연관이 있는지를 이해할 수 없게 하고 혼란을 일으키는 결과가 되는 것이다. 또한 지나간 이야기가 어뻫게 오늘날 역사하시는 하나님의 이야기와 연결되는지를 청중들이 이해하고 있을 때 그 이야기는 비로소 선포되었다고 할 수 있겠다. 설교자는 적어도 세 가지 방법을 통하여 자기 이야기에서 요구되는 상호 관계를 만들 수 있는데 첫째 방법은 설교자가 자신의 깨달음을 아주 의미심장한 것이라고 청중들에게 발표하는 것이다. 예를 들어 프레드 크래독은 자신이 깨달은 것이 자기에게만 중요한 것이 아니라 모두에게 의미가 있다고 발표하였다. 그는 "하나님을 찬양하는 것은 상황이나 장소, 개인에 상관없이 누구에게나 있어야 하는 것이다."라고 결론짓고 있다.[18] 이 결론은 청중 모두를 위한 것이며, 그들이 자신의 삶에서 적용될 수 있는 것으로 제시되었다. 이것은 사도 바울이 로마서 11장 33~36절에서처럼 하나님께 찬양을 돌리도록 감동을 준 바로 그 깨달음으로서 이러한 깨달음이야말로 설교자와 청중들을 이어주는 가교 역할을 해 주는 것이다. 이 깨달음이 사람들에게 감명을 주는 것은 크래독이 자신의 이야기를 진실되게 이야기했기 때문이며, 이것은 깊이 숙고할 만한 사실로만 끝나는 것이 아니라 보편적이고 심오한 진리로서 사람들의 현실 속에서 그대로 작용하게 되는 것이다. 마틴 루터 킹은 유다서 24절의 말씀을 인용하여 하나님께서는 "능히 너희를 보호하사 거침이 없게 하시고 너희로 그 영광 앞에 흠이 없이 즐거움으로 서게 하실 자"라고 결론짓고 있다.[19] 이것은 비단 마틴 루터 킹의 결론일 뿐 아니라, 청중들에게 제시되고 적용되고, 경험되어져야 할 결론인 것이다. 크래독의 이야기와 마찬가지로 마틴 루터 킹의 이야기 역시 자신의 경험에서 나온 것이므로 청중들은 그의 권면을 신뢰하게 된다. 더욱이 그는 나중에 만난 가혹한 시련을 실제로 견디어 냈으므로 그의 결론

은 청중들에게 더욱 영향력이 있는 것이다. 자신의 집이 폭파
되었다는 소식을 듣고도 태연했던 마틴 루터 킹의 모습은 하나
님께서는 인간의 내면에 역사하셔서 이길 힘을 주신다는 진리
를 한층 더 강조해 주고 있는 것이다. 하나님께서는 언제나 우
리의 마음 속에 평온을 주시므로 복잡한 상황과 혼란한 마음으
로부터 지켜 주신다. 마틴 루터 킹은 청중들에게 다음과 같이
이야기함으로써 자신이 깨달은 것은 우리 모두에게도 필요한
사실이라고 알려주고 있다. "그것은 우리에게 용기를 주며··
· 또한 피곤하여 주저앉은 이에게 새 힘을 줄 것입니다···
이것이야말로 우리에게 더 나은 삶을 약속하는 희망이며, 더
나은 세상을 찾게 하는 지상 명령인 것입니다." 라고 설교했던
것이다.[20] 둘째로 설교자는 청중 모두가 공감할 만한 실재적인
느낌, 희망, 실망, 갈망, 기쁨, 슬픔, 욕망을 자아낼 만한 수준
으로 자기 이야기를 함으로써 청중 자신들의 삶의 정황과 연결
시켜야만 한다는 것이다.[21] Hans van der Geest가 사건을 사실
대로 설명하려는 것보다 더 중요한 것은 실재적인 느낌을 주는
것이라고 말한 것은 참으로 올바른 견해이다. 그는 "자녀가 없
는 부모들이라도 어머니로서의 불안감과 안도감은 실감할 수
가 있습니다."라고 설명하고 있다. 자유에 대한 그리움이 무엇
인지는 누구든지 알고 있기 때문에 감옥 속에서 체험했던 자기
이야기는 감옥에서 지낸 일이 없는 청중들에게도 매우 호소력
이 있는 것이었다.

　필자도 존 클레이풀(John Claypool)과 마찬가지로 친한 친구
들로부터 하나님께서는 고난에 처해 있는 사람을 정말로 도와
주시는지에 관해 질문을 받았었지만 딸이 심한 백혈병으로 죽
어 가던 순간에 클레이풀이 친구들로부터 질문을 받았던 것과

같은 경우는 없었으며, 필자의 딸 아이는 "아빠, 이 병은 언제
나을 수 있을까요? 하나님께선 아무 말씀도 안하셨나요?"라고
병의 치료에 대해서 묻지도 않았다.[23] "걸어가도 피곤치 아니
하리로다"[24]라는 제목의 그의 설교에서 묘사된 상황은 지극히
감동적이었지만 필자는 그런 정도의 상황을 겪어본 일이 없다.
필자는 온 몸을 파고드는 고통에 괴로워하며, 딸 아이가 누워
있는 것을 바라보던 일도 없다. 말 그대로 "하늘은 잠잠히 침
묵한 채 등을 돌린 것처럼 보이는 느낌"을 가져본 적도 없다.
또한 그와 같은 상황에서 "주사위는 이미 던져졌다구요. 하나
님께서 특별한 일을 행하신다고 하는 것이 바로 이런 건가요?"
라고 질문을 하는 친구도 없었다. 그럼에도 불구하고 클레이풀
의 이야기는 상당히 개인적일 뿐 아니라 필자의 이야기도 된
다. 그것은 필자의 경험 가운데 그가 경험한 상황과 비슷한 일
이 있었기 때문이 아니라 그의 이야기를 통해 느끼는 실재감의
정도가 그렇다는 것이다. 필자는 질문을 가지고 다가오는 이들
앞에 아무런 도움도 주지 못한 채 서 있는 기분을 잘 알고 있
으며, 또 사랑하는 사람이 커다란 상실감에 빠져 괴로워하는
모습을 보고 서 있는 기분을 알고 있다. 클레이풀의 이야기는
그 내용에서 느껴지는 감정의 측면에서 생각할 때 그의 이야기
일 뿐만 아니라 필자의 이야기인 것이며, 문제의 해답을 얻기
위해 진지하고 솔직한 태도로 경청하게 된다. 클레이풀이 깨달
은 것은 인내에 대한 보상을 약속하고 있는 이사야 40장 31절
의 약속 중 세 번째 부분에 해당하는 것이었다. 클레이풀은
"독수리의 날개치며 올라감 같을 것이요."라는 약속에서 찾을
수 있는 희열도 느끼지 못했고, "달음박질하여도 곤비치 아니
할 것."이라는 식의 결정적인 대답을 듣지도 못했다. 그가 발

견한 것은 "걸어가도 피곤치 아니하리로다"라는 보증이었다. 어쨌든 그는 말하기를 "나는 견뎌낼 수 있었습니다··· 지금까지도 서서 걸을 수 있는 축복을 누리고 있습니다."라고 하면서 하나님의 은혜에 감사했다.[25] 이것은 클레이풀 자신에게 해당하는 대답이며, 또한 그의 친구들과 우리들에게도 주어지는 대답이다. "이제는 저의 체험을 솔직하게 말할 수 있습니다··· 여러분은 독수리처럼 높이 솟아오르지 못할 수도, 달리지 못할 수도 있습니다. 그러나 걸어가도 피곤치 아니할 것입니다. 이것이 제가 얻은 결론이자 여러분에게 말하고자 하는 것입니다."[26] 이러한 확증은 나에게 실제적인 대답이자 약속이 된다. 왜냐하면 클레이풀의 이야기는 자기 이야기이면서 동시에 필자의 이야기가 되기 때문이다.

존 R. 프라이(John R. Fry)는 설교자가 자기의 이야기를 청중들과 연계하는 또다른 방법을 보여주고 있다.[27] "귀먹은 상태로"라는 설교에서 그는 풋볼 게임을 하다가 입에 상처를 입고 나서 일주일 동안 아무 말도 못하면서 지낸 경험을 이야기하였는데, 입을 열지 못한 채로 지낸 것이 자신과 가족과 친구들에게 어떤 영향을 주었는지에 대해 묘사하면서 이야기를 시작하고 있다. 그는 "나는 들을 수는 있었지만 대화에 끼어들지는 못했습니다··· 남들이 하는 걸 바라만 보고 있었죠··· 말을 못한다는 것 때문에 필자의 한 부분이 단절된 듯한 느낌이 들었습니다."라고 말했다.[28] "사람들은 저를 대신해 말을 해 주었습니다. 친구들과 가족들은 말 한 마디도 못하는 저를 보고는 마치 제가 귀까지 먹은 것처럼 취급하는 듯했습니다."[29] 프라이는 이 이야기를 사회적으로 자기 발언을 하지 못하는 사람들에게 적용한다. "여러분 역시 아무런 말도 하지 않고 있습니다. 항의하지도, 보증하지도, 질문도, 대답도 안합니다."[30] 그는 이와 같이 선천적인 벙어리뿐 아니라 의미상의 벙어리, 즉 정책상 침묵하는 자, 자폐증 환자, 성난 사람 등을 언급하고 있으며, 최종적으로 다음과 같은 결론을 이끌어 내게 되었다. "우리가 생각해야 할 잠잠함이란 정치와 사회 구조의 차원을 넘어선 문제입니다. 말이 없는 것은 죽은 거나 다름없습니다. 죽은 자는 말이 없으니까요."[31] 프라이는 일주일 간 지속된 그의 상처를 통해 침묵에 대한 폭넓은 의미를 생각해 본 것이다. 그는 계속하여 침묵에게 소리를 주어야 한다고 말하면서 개인적, 사회적, 우주적인 현상을 언급한다. 프라이는 이 설교를 위한 주제 성경 구절로서 벙어리가 예수 그리스도의 치료를 통해 귀신으로부터 해방되는 내용의 마태복음 9장 27~34절을 선택했다. 프라이는 예수 그리스도의 행적 가운데서 교회들에게 주어질 지상 명령을 찾아내고 있다. 교회는 사람의 말문을 막아 버리는 귀신을 쫓아내야 하며 죽음의 공포로부터 탈피하여 그들의 소리를 다시 획득해야 한다는 것이다. "귀신을 쫓아내고 난 뒤에 오는 것은 소리, 즉 창조의 소리입니다. 더 이상 인간은 소리 없이 있지 않고 말을 하게 되는 것입니다."[32]

여기서 필자는 상호 관계가 이루어지는 자기 이야기는 개인주의로 흐르는 위험을 피할 수 있다는 것을 제시하고 싶다. 필자가 대화를 나누어 본 대부분의 설교자들은 자기 이야기를 하게 되면 자신이 특이하게 여겨질 것을 두려워하고 있다. 많은 이들이 자기 이야기는 어떤 식으로 시작해도 한 가지 표현으로 끝나고 말 것이라고 추측하고 있지만 사실은 그렇지가 않다는 것을 주지하기 바란다. 적어도 세 가지 방법을 통해 자신의 이야기와 청중을 기술적으로 확실하게 이어줄 수 있다. 자신의

깨달음을 발표하거나, 현장감 있게 이야기를 전개하거나, 개인
적인 결론에서 사회적 보편적인 것으로 확장함으로써 가능한
것이다. 또한 각각의 연결 방법에서 자기 이야기를 청중과 연
결할 뿐 아니라 하나님의 개입과 활동과도 연관지어야만 한다.
이런 연결에 실패했다면 그것은 자기 이야기에 문제가 있는 것
이 아니라 설교자의 의도나 전달하는 기술에 문제가 있다고 보
아야 할 것이다.

Notes

1. Theodore Ferris, "To Care and Not to Care," in This Is the Day
   (New York : WIlcox & Follett, 1951), 86~87.

2. John Killinger, Fundamentals of Preaching (Philadelphia : Fortress
   Press, 1985), 31.

3. Walter Wangerin, Jr., Ragman and Other Cries of Faith (San
   Francisco : Harper & Row, 1984), 77.

4. Ibid.

5. H. Richard Niebuhr, The Meaning of Revelation (New York :
   MacMillan Co., 1941), 64.

6. Ibid., 65, 60.

7. D. W. Cleverley Ford, An Expository Preacher's Notebook (New
   York : Harper & Brothers, 1960), 20.

8. Leslie D. Weatherhead, The Significance of Silence and Other
   Sermons (Nasville : Avingdon - Cokesbury Press, 1945), 21~29.

9. Fred B. Craddock, As one Without Authority (Nashville :
   Abingdon Press, 1979), 163~168.

10. Ibid., 166.

11. Hans van der Geest, Presence in the Pulpit : The impact of Personality in Preaching, trans. Douglas W. Stott (Atland : John Knox Press, 1981), 86.

12. John Navone and Thomas Cooper, Tellers of the Word (New York : Lejacq Publishing, 1981), 71~78.

13. Barbara Hardy, "Towards a Poetics of Fiction : (3) An Approach through Narrative," Novel 2 (Fall 1968) : 9.

14. Tom F. Driver, Patterns of Grace : Human Experience as Word of God (San Francisco : Harper & Row, 1977), 133.

15. Michael Goldberg, Theology and Narrative : A Critical Introduction (Nashville : Abingdon Press, 1982), 103.

16. Ibid., 106.

17. John Shea, "Theology and Autobiography," Commonweal 105 (16 June 1978), 361.

18. Craddock, As One Without Authority, 167.

19. Martin Luther King, Jr., Strength to Love (Philadelphia : Fortress Press, 1981), 114.

20. Ibid.

21. van der Geest, Presence in the Pulpit, 132.

22. Ibid.

23. John R. Claypool, The Light within You : Looking at Life through New Eyes (Waco, Tex. : Word, 1983), 133.

24. Ibid.

25. Ibid., 149.

26. Ibid., 140.

27. John R. Fry, Fire and Blackstone (Philadelphia : J. B. Lippincott, 1969), 77~84.

28. Ibid., 79.

29. Ibid.
30. Ibid.
31. Ibid., 82.
32. Ibid., 84.

4

자기 이야기와 성경 본문

많은 사람들은 강단에서 자기 이야기가 남용되는 것을 걱정하는데 이런 우려가 전혀 타당성이 없는 것은 아니다. 설교에서 설교자 자신의 이야기를 통해서 배우는 것이라고는 단지 설교자가 겪었던 삶의 이야기를 듣는다는 것 외에는 아무 것도 없는 경우가 대부분이며, 설교자 자신에 대한 이야기로만 끝나 버리는 경우가 적지 않기 때문이다. 또한 자기 이야기는 마치 설교자가 주어진 설교 시간을 채우기 위해서 말하거나 설교 도중 즉흥적으로 말하는 것이라는 강한 인상을 주기도 하는데, 필자가 말하고자 하는 것은 이처럼 주제에서 벗어난 자기 이야기라든지 또는 시간이나 메우기 위한 자기 자랑에 대한 이야기를 하려는 것이 아니다. 어쨌든 지금까지 논의한 기본적 요소들에 대해 거듭 생각하면서 의미를 확대해 나가는 것은 중요한 일이다.

필자는 설교자가 강단에서 자신의 경험을 이야기할 것을 권장해 왔지만, 그것은 설교자 자신이 겪었던 단순한 경험 그 자체를 의미하는 것이 절대로 아니다. 필자가 말하고자 하는 것은 그 이야기를 통해서 나타낼 복음인 것이다. 강단에서 설교자가 자신의 의견을 제시해야 한다는 것은 의견 그 자체에 강조점을 둔 것이 아니라, 전통적인 기존 교리들과 그와 관련된 신학과 연관해서 설교하라는 것이다. 설교자가 자신의 생활 속의 사건들을 이야기해야 한다는 것도 사건 그 자체에 대한 의미가 있다는 것이 아니라, 말씀의 입장에서 사건을 성경적으로 연관시켜야만 한다는 것이다. 이렇게 될 때에 비로소 설교자의 자기 이야기는 하나님의 말씀을 전달하는 하나의 수단이며, 효과적인 방법으로 작용할 수 있는 것이다. 그것이 바로 설교자 자신의 삶이 "복음의 광선을 펼쳐 주는 프리즘"으로서의 역할을 다하게 되는 것이다.

구스타프 윙그렌(Gustaf Wingren)은 회중에게 개인적 경험을 이야기하려는 설교자들을 위해 매우 적절한 조언을 하고 있다. 그의 표현대로 말하자면 설교자의 "보호막"이 되어 주는 것으로 다음과 같은 두 가지 사항을 염두에 두라는 것이다. "첫째로 설교자 자신의 체험적인 이야기를 통해서 분명히 예수 그리스도가 나타나야 한다는 목표를 가져야 한다. 둘째로 알맞은 성경 구절을 선정하여 설교 내용을 일관된 주제로 이끌어야 한다는 것이다."[1] 대부분의 경우에 설교자들은 한 가지 이야기를 놓고 무수한 추측들과 상상을 할 수 있기 때문에 이와 같은 보호막이 있어야 한다는 것이 윙그렌의 설명이다. 또한 자기 이야기를 하다 보면 설교자들에게 하나의 위험성이 발생될 수가 있는데 그것은 성경 말씀 자체에는 아예 관심을 두지 않고 제쳐 두거나, 성경을 아전인수격으로 해석하고, 적용하려는 위험이 항상 도사리고 있는 것이다. 그러나 보호막이 필요한 것은 청중들에게도 마찬가지이다. 말씀을 아예 뒷전으로 하고 설교자 자신의 이야기만을 들으려고 하는 방향으로 치우쳐서는 절대로 안된다. 이렇게 되면 그 설교를 듣는 청중들에게도 말씀의 생명력은 사라지고 마는 것이다."[2] 설교자 자신이 말씀을 향해야 하는 이유는 "모든 성경 구절에는 창조의 능력이 깃든 하나님의 음성이 나타나 있기 때문이며, 설교자가 전하는 말씀은 그 시대의 말씀을 이 시대의 말씀으로 해석함으로써, 만물을 창조하신 능력의 근원이며, 장래의 새 땅을 이루는 근원이 되는 하나님의 말씀과 동일한 능력을 가지고 있기 때문이다."[3] 다시 말하자면 설교자의 자기 이야기는 성경 본문을 통해서 이야기될 때에 창조의 능력이 되는 말씀으로부터 생명력을 얻을 수 있다는 것이다. 이런 설교만이 바르고 안전한 설교이며, 형태에 관계없이 모든 설교가 지향해야 할 방법인 것이다.

중요한 것은 윙그렌이 자신이 제시한 두 가지 상황, 즉 목표와 일관성을 분리하지 않는다는 점인데 다시 말하면 본문의 성경 구절을 설교의 목표와 분리하여 생각하지 말라는 것이다. 그의 주장에 의하면 각각의 성경 구절에는 깊이 연관되는 흐름이 있다는 것이다. 그런데 그것은 예수 그리스도의 죽음과 부활에서부터 비롯되는 것이라고 했다.[4] 예수 그리스도의 죽음과 부활은 예수 그리스도에 관한 내용의 중심이고, 예수 그리스도에 관한 내용은 신약의 중심이 되며[5] 또한 모든 성경은 이 주제를 중심으로 흐르고 있다는 것이다.[6] 설교의 목표에 대한 이러한 강조를 함으로써 윙그렌은 성경 구절에 대해서 뿐만 아니라 설교에 대해서도 신학적인 측면이 필요하다는 것을 말해 준다. 설교자의 경험이 성경 본문의 내용과 연결되기 위해서는 신학적 요소가 필요한 것이다. 성경에서는 독특한 매 구절마다 그와 관련된 "신앙적 중심 사상"과 "예수 그리스도의 복음"에 대한 문제가 제기된다.[7] 이런 질문은 설교자가 한 번에 여러 가지 확증들이 나열되어 있는 본문에서 신학적인 의미를 발견하고자 할 때 나타나게 된다.

예를 들어 리차드 리셔(Richard Lischer)는 다음과 같은 질문을 던졌다. "로마서 8장 28~30절에 언급된 하나님의 섭리, 예정, 의롭게 하심, 부활들에 관해서 어떻게 이해를 할 수 있을 것인가?"[8] 또한 설교자가 "예수 그리스도의 복음" 속에서 매일의 생활을 위한 지침을 제시하고자 할 때에도 이런 질문이 제기되고 있다.

이를테면 Elizabeth Actemeier가 다음과 같이 질문한 경우이다. "그런데 날마다 일상적인 업무들만 생각하고 있는 우리들이 어떤 의미에서 '구원받았다'라고 생각해야 하는 거죠? 그리고 주부이자 어머니로서 평범하게 지내는 저의 삶에 예수 그리스도께서는 어떤 새로운 의미를 주시는 것일까요?"[9] 이와 같은 질문들은 가볍게 넘길 만한 것이 아니다. 설교자들이 자기 이야기를 할 때에는 항상 이런 질문들이 나오게 되므로 그들의 이야기는 본문에 충실하고 "예수 그리스도의 복음"을 표방하는 것이어야 한다. 그러므로 설교자는 자기 이야기에 대한 중심이 분명해야만 하며, 그것이 청중들에게 왜 중요한 것인지를 밝힐 필요가 있는 것이다.

성경 본문에 대한 자기 이야기의 의존도는 설교자들에 따라

정도의 차이가 다양하게 나타난다. 상황에 따라서 어떤 설교자
는 본문을 사용하지 않거나 완전히 무시해 버림으로써 설교에
서 성경 본문이 나타나지 않는 경우도 있는데, 이와 같은 설교
에서의 자기 이야기는 의미가 없는 것이다. 모든 형태의 설교
에서 성경 본문은 생생하게 기억되기도 하고, 잊혀지기도 한다.
성경 본문을 가볍게 처리하고 지나가는 설교자는 자기 이야기
의 방법이 무엇인지도 모르는, 욕심 많은 이야기꾼에 불과하다
고 보아야 할 것이다.

성경 본문을 분명하게 드러낸다고 해도 자기 이야기를 하다
보면 본문 자체를 사소한 것으로 여기고 지나 버릴 경우가 있
는데 이것은 설교자의 이야기가 주제와 깊은 관계가 없거나,
이야기에서 전달하고자 하는 깨달음이나 연결성이 없기 때문
이다. 아래에 언급될 헬무트 티엘리케(Helmut Thielicke)의
"지혜로운 처녀들과 어리석은 처녀들의 비유"[10]라는 설교 역
시 이런 문제만 해결되었다면 훌륭한 설교가 되었을 것이다.
티엘리케는 이 비유에서 지혜로운 처녀들을 "오직 예수 그리
스도 한 분에게 충실하게 살아가는 사람"으로 묘사하였다.[11]
그는 이야기 속에서 "사람들이 예수 그리스도만을 바라보고
있으면 낯설고 소외된 상황에 있어도 마음이 든든해지지만, 그
분으로부터 눈을 돌리게 될 때는 불안하고, 외롭고, 공허한 심
정으로 흔들리게 된다."는 사실을 강조하고자 하였다. 티엘리
케는 미국을 왕래하는 배에 타고 있던 두 마리의 개를 관찰한
경험을 토대로 이와 같이 설교를 요약한 것이다. 그의 말에 의
하면 주인과 헤어지게 된 첫 번째 개는 "허무주의에 빠지게 되
었고, 지금까지 그 개가 누려 왔던 친숙한 세계는 끝나고 말았
으며, 바다 저 편에는 생소한 세계만이 자기를 기다리고 있었

다." 두 번째 개는 젊은 여인을 따라 온 것이었으므로 "비록 과거의 친숙했던 거리들과 동네에 대한 그리움이 남아 있고, 새로운 곳에서 일이 어떻게 전개될 지도 모르지만, 동행하고 있는 주인을 믿음의 눈으로 바라 볼 때마다 그 개는 재차 안심할 수 있었다." 그 개는 다가올 환경에서도 곧 적응할 수 있다는 믿음을 갖고 있었던 것이다. 그러면서 티엘리케는 "갓난아이의 입을 통해서만이 아니라 개들의 눈을 통해서도 하나님께 완전한 찬송을 돌릴 수 있습니다."라고 결론지었다.

이 간단한 이야기는 자기 이야기의 기본적 요소가 들어 있지 않다는 점에서 볼 때 부적절한 이야기였다고 할 수 있다. 티엘리케는 자기의 전체적인 측면을 드러내지 않았다. 그가 무엇을 느꼈는지, 그 사건을 보고 나서 자신에게 그 전과는 어떠한 차이가 생겼는지도 알 수 없다. 이야기를 듣는 사람들은 생각하기를, 배에 승선한 사람들 중에는 그 개들과 마찬가지로 낯선 느낌과 희망적인 믿음을 갖고 있는 이들이 많이 있었을텐데 티엘리케는 하필이면 개들에게 주목했을까? 하는 의구심을 갖지 않을 수 없을 것이다. 또한 티엘리케가 어떠한 깨달음을 얻었다고 언급하고 있지도 않으며, 청중들은 단지 "개의 눈을 통해서도 하나님께 완전한 찬양을 돌릴 수 있다."는 것은 티엘리케의 새로운 깨달음이 아니라, 이미 알고 있는 것을 말한 것뿐이라는 느낌을 갖게 된다. 뿐만 아니라 이 이야기는 본문과 주제가 연결되지 않고, 일관성이 없다는 점에서도 부적합한 이야기라고 할 수 있다. 주인을 믿었던 개의 이야기가 차지하는 비중은 지혜로운 처녀들이나 모든 것을 버리고 주님만 바라보는 예수 그리스도인들에 관한 언급과 동등하지 않다. 그 이야기를 읽고 있는 사람은 예수 그리스도의 이야기나 설교자에 대해서보다는

개의 이야기만 생각하게 될 것이기 때문이다. 티엘리케가 개인
적인 깨달음과 그것을 통해 자신이 어떤 영향을 받았는지를 말
할 수 있었다면 독자들은 이야기를 통해 본문의 말씀에 시선을
돌리고 예수 그리스도의 나타나심에 대해 깊이 생각하도록 했
을 수도 있지만, 그의 이야기나 관찰 자체가 본문에 맞지 않는
것이며, 설교자의 의도를 만족시킬 만한 것이 못되었다.

자기 이야기를 하는 설교자가 범하기 쉬운 실수로서 성경
본문을 사소한 것으로 취급하려는 것 외에 필자가 표현하는 식
으로 "병행 또는 대비(Parallelism)"라는 것이 있는데, 본문과
자기 이야기가 서로 전개되면서 상호간에 의미 전달이 안되고,
서로 결합되지 않는 경우에는 심각한 문제가 발생하게 된다.

이에 관해서는 레슬리 웨더헤드의 "조용함의 의미"라는 설
교를 예로 들 수 있겠다. 웨더헤드는 이른 아침 목장에서 산책
을 하면서 경험했던 고요함과 어느 날 밤 농장에서 기차가 지
나가는 소리와 마을에서 들려 오는 시계의 종소리 외에는 아무
런 소리도 들리지 않았던 경험을 회상하였다. 두 번째 경험에
대해서 그는 다음과 같은 결론을 이야기했다. "기차 소리와 시
계 소리만 들릴 정도로 조용했습니다. 그 소리들만이 그 밤이
얼마나 고요했었는지를 알게 해 주었지요."[12] 이 이야기를 마
치자마자 웨더헤드는 "저는 열왕기상 19장 12절에서 엘리야가
경험했던 신비로움이 무엇인지 조금 더 잘 이해할 수 있다는
느낌이 들었습니다."라고 말을 이었고 곧 바로 다음과 같은 생
각을 이야기했다. "하나님을 찬양해야 할 순간에 우리는 얼마
나 자주 침묵하고 있었는지 모르겠습니다." 웨더헤드의 경험을
엘리야의 경험과 비교해 볼 때 두 가지 경우 모두에서 고요함
속에 세미한 소리가 있었다는 점은 대충 비슷하다고 할 수 있

지만, 두 경험 사이의 연결이 이루어지지 않고 있는 것이다. 엘리야에게 들린 "세미한 소리"란 단지 "그 밤이 아주 작은 소리까지 들릴 만큼 고요했었다."는 사실을 암시해 주는 것으로만 의미를 지닌 것일까? 아니면 엘리야가 그 소리를 통해 하나님께서 그때 그 장소로 인도하셨다는 것을 알게 하는 데만 의미가 있었던 것일까? 그렇다면 바람과 지진과 불 뒤에 임한 적막함이 갖는 의미는 어떻게 생각해야 할까? 만군의 하나님께서 엘리야에게 말씀하신 '소리'들은 또 무엇인가? 아마도 이러한 질문들이 성경의 본문 가운데 숨겨져 있는 것 같다. 청중들은 웨더헤드의 자기 이야기로부터 여기에 대한 대답을 듣지 못했다. 자기 이야기와 성경 본문 사이의 접촉은 있었으나, 상호 교류가 되어 있지 않은 경우라고 보아야 한다. 교류가 이루어지지 않게 되면 자연히 성경에서 드러나야 할 예수 그리스도와 복음 그리고 예수 그리스도에 관한 모든 내용"이 숨겨진 채로 남아 있게 된다. 이처럼 본문과 자기 이야기를 단순히 병행한다고 해서 설교가 되는 것은 아니다. 자기 이야기를 하는 설교자들이 항상 성경 본문을 무시하거나, 사소하게 취급하고, 단순한 병행만 하는 것은 대단히 위험하고, 잘못된 일이다.

그런가 하면 자기 이야기 속에서 성경 본문의 의미가 생생하게 살아나는 경우를 살펴보면 D. W. 클레벌리 포드(D. W. Cleverley Ford)의 예를 들 수 있다. 그는 "영향력 있는 설교를 하려면"이라는 제목의 설교를 통해 본문과 이야기의 건전한 결합이 이루어질 수 있는 한 가지 방법을 제시하였는데, 사도행전 13장 42절의 "저희가 나갈 새 사람들이 청하되 다음 안식일에도 이 말씀을 하라 하더라."라는 말씀을 기초하여 설명하고 있다.[13] (원문에는 ASV 인용 : "And as they went out, they besought that these words might be spoken to them the next sabbath") 포드가 안디옥 교인들의 이야기와 자신의 경험을 통해 확신하게 된 한 가지는 설교자가 사람들의 필요에 호응하는 설교를 할 때 청중들이 모여들게 될 것이며 "다음 주일에도 그 다음 주일에도 또 설교를 듣고 싶다."고 부탁할 것이라는 것이다. 포드는 학창 시절에 시험의 중압감에 눌려 교회까지 빠져 가면서 전전긍긍하며 공부하던 이야기를 들려주었다. 시간이 흐르면서 다시 교회에 가야겠다는 생각이 간절해지게 되었고, 어느 주일 날에는 시내에 있는 한 교회를 찾아가 보았다. 그때에 설교를 하던 사람은 캠브리지 대학에서 고대 역사를 강의하는 일반 신도였는데 포드는 그의 설교 시간에 전혀 움직이지도 않고 설교만 경청했었다. 포드는 그때의 느낌을 다음과 같이 고백했다. "교회당도 허름했고, 설교자 역시 매력 있는 인상은 아니었습니다. 그러나 그의 입술에는 하나님의 은혜가 가득 차 있었습니다." 그 평신도의 설교를 통해 포드는 시험을 이길 힘을 얻었고, 설교자가 호소한 것처럼 단호한 결심을 하게 되었다. "저는 그 다음 주일에도 찾아가 또 한 번 그분의 설교를 들었습니다."라고 그는 말했다. 이 내용을 통해서 볼 때 사도행전 13장에 나타난 안디옥의 한 사건과 시내의 한 교회에서 있었던 경험 사이에는 병행 이상의 관계가 성립되어 있는 것이다. 두 가지 경우 모두가 예배 도중에 일어난 일이며, 복음을 듣게되고, 다시 한 번 부탁하는 신속한 요청이 있었다. (RSV에서는 사도행전 13장 42절을 "사람들은 이 내용을 다음 안식일에도 다시 들려 달라고 간곡히 부탁했다."고 번역했다 : "The people begged that these things might be told them the next sabbath.") 포드의 이야기는 이스라엘 백성들이 간구

한 것처럼 열렬함을 갖도록 청중들을 격려해 준다. 어떤 의미에서 보면 포드의 경험 이야기는 안디옥 교회의 이야기를 더욱 강력하게 뒷받침해 주었으며, 안디옥 이야기는 포드가 시내 교회에서 경험한 일에 의미를 제공해 주었다. 포드의 경험은 선례가 없는 단독적인 이야기가 아니며, 본문의 말씀이 들려질 때마다 계속적으로 살아나는 것이다. 포드의 이야기는 현대판 안디옥의 이야기라고도 할 수 있다. 이런 이야기를 통해 하나님의 말씀이 드높여지고 말씀의 주체가 되는 하나님께 영광을 돌리게 되는 것이다.

본문과 자기 이야기를 결합시키는 또다른 방법을 존 클레이풀의 "피곤치 않게 하는 능력"이라는 제목의 설교에서 볼 수 있는데[14], 이 설교 역시 앞서 살펴 본 클레이풀의 설교에서 나타난 생동적인 요소들을 내포하고 있다. "피곤치 않게 하는 능력"이라는 설교에서는 자기 이야기가 어떻게 성경 본문과 밀접하게 결합하여 본문을 이해하는데 도움을 주게 되는지에 대해 설명해 주고 있다. 클레이풀은 이 설교에서도 역시 이사야 40장 27~31절에 언급된 세 가지 능력에 관한 약속과 사랑하는 딸 로라 루(Laura Lue)가 죽어 가는 모습을 보며 괴로워했던 자신의 아픈 경험을 결부시켜서 이야기를 진행하고 있다. "하나님께서 주시는 능력은 독수리가 날개치며 올라가는 것과 같은 최상의 기쁨을 가져다주지만, 병상에 누워 삶의 희망마저 잃어버린 채 신음하고 있는 아이 옆에 서 있는 사람에게 희열이란 말은 부적절한 것이며, 전혀 불가능한 일입니다."라고 그는 이야기한다. 하나님의 능력은 활동케 하는 힘으로 이사야서에 표현되어 있지만, 클레이풀에게는 곤비치 않고 달릴 만한 힘도 없었으며, 이 말씀은 그에게 아무런 도움이 안되는 듯하다. 그러나 다행히도 하나님께서 능력을 주시는 또다른 형태의 약속이 기록되어 있다. '걸어가도 피곤치 아니하리로다.' 이 약속을 깊이 있는 신앙적 체험에 적용할 수는 없을 것이다. 그러나 "솟아오르거나 질주할 만한 형편이 못되고 겨우 터벅거리며 걸을 수 있는 정도의 사람에게 "걸어가도 피곤치 아니하리로다."라는 약속은 진정 기쁜 소식일 수밖에 없다."고 클레이풀은 이야기한다. 클레이풀은 결론적으로 이사야서의 본문 말씀은 사람들의 상황에 정확히 들어맞을 뿐 아니라, 각각의 단계를 하향식으로 나열해 놓았다고 하고는 설교를 끝맺었다. "가장 힘든 일은 날개 치며 올라가는 것도 아니요, 달음박질하는 것도 아니며, 무거운 짐에 눌려 모든 것이 산산조각 날 것만 같은 형편에서도 주저앉지 않고 계속해서 걸어가는 것입니다." 이 설교에서 클레이풀은 하나님의 능력을 약속한 성경 말씀의 확실성을 증명해 주었다. 그의 이야기는 참담한 현실의 모습으로 시작되었지만, 결국에는 중요한 사실에 대한 결정적인 깨달음을 통해 잘못된 기대에 빠졌던 그의 태도를 버리게 하였다. 약속의 말씀과 자기 이야기 상호 결합은 성경의 교훈을 분명하게 드러내어 주었으며, 청중들은 자신들의 삶 속에 이 교훈을 곧 바로 적용할 수 있을 것이다. 클레이풀의 이야기를 머릿속에 떠올릴 때마다 청중들은 이사야서의 "기쁜 약속"을 상기하게 될 것이고, 이사야의 말씀을 생각할 때마다 클레이풀의 이야기를 기억하고 "중요한 사실에 대한 결정적인 깨달음"을 되뇌이게 될 것이다. 성경 본문과 밀접한 관계로 연결된 이야기는 본문을 이해하도록 도움을 주는 것이다. 딸의 고통과 죽음을 감내할 수 있었던 클레이풀의 이야기를 듣고 난 뒤에는 이사야 40장의 말씀이 새롭게 보일 것이다. 모든 사람의 이야기가 이처럼 기억에 남을 만한 것은 아닐 것이다. 짧은 이야기는 본문과 충분한 상호 관계를 형성하지 못할 수도 있다. 그러나 때로는 짧은 이야기를 통해서도 청중들의 주의를 예수 그리스도의 복된 소식이 기록된 말씀으로 이끌 수 있다. 웨더헤드는 "너희가 내 이름으로 무엇을 구하든지 내가 시행하리라."라는 요한복음 14장 13절의 말씀으로 청중을 이끌기 위해 자기 이야기를 들려주었다. 웨더헤드는 이 약속의 말씀이 무엇을 의미하는지 묻지 않고 이 약속이 정말 의미가 있는 것인가?라는 비교적 단호한 질문으로 이야기를 시작한다.[15] 그는 이 질문을 매우 진지하게 제시하면서 "자기의 믿음을 상당히 약화시킨" 소년 시절의 사건을 이야기하였다.[16] 꼭 합격해야 할 시험을 앞에 두고 기도하던 웨더헤드는 "너희가 내 이름으로 무엇을 구하든지 내가 시행하리라."는 예수 그리스도의 약속을 떠올렸다. 어려서부터 신앙적인 교육을 받아 왔던 웨더헤드는 이 약속이 "반드시, 분명하게" 이루어 질 것이라고 생각하면서 시험 공부를 하였으며, 모든 일이 순조롭게 진행되고 있다고 느꼈다. 그러나 그는 시험에 낙제하였고 희망의 빛은 일순간에 사라져 버렸다. 그 당시의 느낌을 그는 다음과 같이 회고한다. "제가 지켜 온 신앙의 불꽃이 거의 꺼져 버리고 말았습니다." 웨더헤드는 이 경험에서 깨달은 바가 컸으며 이듬해에는 더욱 열심히 공부하여 결국 합격하게 되었다. "그런 일이 있은 뒤, 저는 하나님께 당신의 약속은 더 이상 필요하지 않으며, 나 혼자서 일을 해 나갈 수 있다고 이야기했습니다."라고 웨더헤드는 말을 이었다. 그의 자기 이야기와 그런 상황 속에서 그가 느꼈던 점은 청중에게 시사하는 바가 크며, 이미 익숙하게 들어온 성경 구절에 대해서 다음과 같은 질문을 생각해 보도록 한다. "그러면 우리는 이 말씀을 어떻게 이해해야 할 것인가?"

웨더헤드의 짧은 이야기가 성경 본문에 대한 관심을 일깨우는 질문을 제시하고 있기는 하지만 그와 같은 질문을 통해서는 본문을 부정적으로 해석할 수밖에 없다. 또한 요한복음의 약속은 시험의 합격 따위에 초점을 두고 있는 것은 아닐 것이다. 그러나 짤막한 이야기라고 해서 모두가 다 본문의 의미를 뚜렷하게 전달하지 못하는 것은 아니다. 얼마 전 필자는 "수고하고 무거운 짐진 자들"이라는 제목으로 마태복음 11장 25~30절을 기초로 해서 설교한 적이 있었다.[17] 본문을 연구하면서 필자는 한 가지 중대한 의문을 품게 되었는데, 도저히 해답을 찾을 수가 없었다. 이 구절은 안식을 약속하고 있으면서 왜 멍에를 메라고 하는 이야기가 등장하는가? 예수 그리스도께서는 내가 모든 무거운 것과 무거운 짐을 만드는 모든 원인을 제하여 버리겠다고 간단하게 말씀하실 수 있지 않을까?

이 본문을 계속 연구하는 동안에 지방에 있는 친한 친구로부터 전화가 왔다. 친구의 목소리를 듣는 것은 반가운 일이었으나 우리가 나눈 대화의 내용은 그리 즐거운 것이 아니었다. 거의 파산 직전에 이른 그는 직장과 가족을 잃어버리지나 않을까 두려워하는 가운데 제대로 잠을 이루지 못하며 지냈다. 한 시간 가량 이야기를 주고받고 난 뒤 친구는 깊은 한숨을 내쉬며 다음과 같이 이야기했다. "너와 이야기를 나누고 나니 한결 기분이 나아진 것같아." 전화를 끊고 나서 몇 시간 동안 친구와의 이야기를 생각해 보았다. 무엇보다도 그의 긴 한숨과 그가 어렵게 되찾은 쉼이 생각났다. 그의 문제는 여전히 그대로 남아 있었다. 필자는 그 문제를 해결해 주기는 커녕 한 마디 도움이 되는 말도 해 주지 못했다. 그럼에도 불구하고 그는 전화

를 끊으면서 "이젠 편히 잠을 잘 수 있겠어··· 이제야 좀 쉴
것 같아." 라고 했다. 필자는 이야기를 끝내고 나서 그 친구가
평안을 되찾은 것은 자기가 가지고 있던 짐을 덜었기 때문이라
는 생각이 불현듯 떠올랐다. 그가 지고 있던 짐의 무게를 나누
었을 때 그는 자기의 멍에를 메고 바로 설 수 있었던 것이다.
이 경험을 통하여 필자는 질문의 해답을 찾을 수가 있었다. 마
태복음에 언급된 예수 그리스도께서 하시는 일이란 바로 무거
운 짐을 지고 있는 사람의 짐을 나누어짐으로써 그 사람이 쉽
게 길을 가도록 하시는 것이다. 짐을 덜어 주는 일은 결과적으
로 예수 그리스도께서 하시는 일이며, 우리는 참여자로서 일을
수행할 뿐이다. 그와의 이야기를 마친 뒤 필자의 마음도 편안
해지는 것을 느꼈는데 대화를 하는 사이에 필자도 예수 그리스
도의 멍에를 메고 있었기 때문이다. 이런 깨달음이 없었다면
필자는 예수 그리스도께서 하시는 일, 즉 쉼을 가져다주는 일
은 내가 스스로 한 것이라고 착각했을 것이다. 이 경험을 통해
서 사람들이 예수 그리스도를 따르는 길이라고 생각되는 일을
할 때에는 항상 짐이 가벼워지고 멍에는 쉬워진다는 것을 깨달
았다. 짐을 덜어 주고 상처를 치료해 주는 하나님의 일에 참여
할 때 우리의 삶은 의미와 목적이 있게 되고 참다운 안식을 얻
을 수 있다.

　솔직히 마태복음 11장 25～30절에 대해서는 필자가 체험을
통해 얻어낸 결론 이외에도 다른 여러 가지 의미를 찾아 낼 수
있다. 필자가 말하고자 하는 요지는 이러한 짧은 이야기로도
성경 본문의 의미를 생각하게 할 수 있다는 것이다. 이런 이야
기는 웨더헤드의 경우에서 처럼 의문점을 제기하는 맥락으로
만 전개될 수도 있지만, 본문에 대하여 제기된 질문들에 해답

을 주는 이야기들도 많이 있다. 이와 같이 자기 이야기는 짧은 것이건 긴 것이건 간에 성경의 본문을 이해하고, "예수 그리스도의 복음"을 깨닫도록 도움을 줄 수 있고, 청중들에게 본문과 복음적 소식에 대해 경험하고 흥미를 갖도록 해 준다. 필자의 경우를 보더라도 놀라우리 만큼 많은 사람들이 마태복음 11장에 관한 설교를 듣고 나서 서로 진지한 이야기들을 나누는 것이었다. 실제로 많은 이들이 쉼이라는 것과 멍에를 메는 것에 대해 새롭게 생각하게 되었으며, 자신들도 쉼을 느꼈다고 했다.

자기 이야기는 또한 설교자가 본문의 내용으로 들어가서 자신을 본문 속의 한 인물처럼 여겨지게 하기도 한다. 이것은 질문을 제기하고 대답을 찾는 정도의 문제가 아니라 본문 속의 특정한 인물과 자신을 동일시하여 자신이 본문의 이야기를 따라 행동하는 입장이 되는 것이다. 이것은 본문의 상황과 대등한 오늘날의 상황이나 인물을 제시하는 것이 아니라 자기가 직접 본문 속의 인물이 되는 것이다. 이와 같은 자기 동일시의 예를 헬무트 티엘리케의 "알곡 속의 가라지 비유"라는 설교에서 찾을 수 있다.[18] 여기서 티엘리케는 자신이 직접 마태복음 13장 24~30절에서와 같이 주인의 밭에 원수가 뿌려놓은 가라지를 제거하려는 종의 입장이 된다. 그의 자기 이야기에서 티엘리케는 자신이 "잡초를 뽑아 버리는 조직"을 만들려고 준비하고 있는 모습으로 표현된다. 또한 자신이 성경에서 말하는 "둘 다 추수 때까지 함께 자라게 두어라"라는 음성을 듣는 듯한 체험을 했다고 말한다. 티엘리케는 뉴욕에 있는 국제 연합을 방문하여 그 안에 있는 기도실(Meditation room)을 보고 나서 이루 말할 수 없이 화가 났었던 경험으로 자기의 이야기를 시작한다. 그 방은 사람들이 찾지도 않았으며 텅빈 채로 있었다. 반면에 회의실은 각 방마다 최고의 편의 시설들이 갖추어져 있었고 한 가지도 부족한 것이 없이 모든 면을 잘 갖추어놓았다. 오직 기도실만이 외롭게 텅빈 방으로 방치되어 있었다. 후에 티엘리케는 자신이 순간적으로 분노했었던 것이 부끄럽게 생각되었다. 그는 국제 연합에 작은 기도실이 있다는 것은 아직까지도 세계의 운명은 정치적 회담, 전략 그리고 외교에 의해 결정되는 것이 아니라는 것을 아는 사람들이 있다는 것을 상징적으로 나타내는지도 모른다는 생각을 하게 되었다. 또한 이 예배실에서 곧 싹트게 될지도 모르는 "진리의 씨앗들과 영적인 갈급함"으로부터 신앙적 허무주의를 가려낼 수 있는 사람은 누구일까 하는 질문도 해 보았다. 티엘리케는 순간의 분한 감정으로 비유에 등장한 종의 입장이 되었었다. 그러나 자기 이야기를 마쳐갈 즈음에 그는 주인으로부터 "둘 다 추수 때까지 함께 자라게 두어라."라는 말을 듣는 종이 되었다.

이와 같이 자기 이야기와 본문, 목표간의 합류는 조지 W. 스트룹 3세(George W. Stroup, III)가 정의한 "계속 질문되어지는 두 가지의 문제", 즉 "신학과 경험과의 관계는 무엇인가?"와 "성경과 같은 역사적 문헌이 어떻게 오늘날에도 효험성이 있는가?"라는 문제를 해결해 주는데 확실히 도움이 된다.[19]

오늘날의 입장에서 볼 때, 전통적 가르침들과 자기 이야기를 결합하려는 것은 삶의 중요한 과정들을 신학적인 사유를 통하여 이끌고자 하는 노력이라고 할 수 있겠다. 이것은 분명히 설교에서 자기 이야기와 본문, 목표 사이의 합류를 통하여 일어나는 일이라고 필자는 말하고 싶다. 이러한 설교는 사람들이 자신의 경험 속에서 신앙적 교훈을 얻을 수 있게 해 주며 "자신의 상황을 신앙적, 신학적 그리고 교회론적인 영역으로 명확하게 나누어 적용할 수 있게 해 준다."[20] 그리고 이러한 설교를 하는 설교자는 자신이 몸소 신학적 깨달음을 제공해 주고 관련된 상황들을 제시해 줌으로써 그리스도인의 삶에 의미와 가치를 부여해 주는 것이다.

또한 자기 이야기와 본문, 목표 간의 합류가 이루어질 때 비로소 설교자의 자기 이야기는 제자리를 찾은 것이다. 엘리 위젤(Elie Wiesel)의 말은 백 번 옳은 말이다. "자신의 이야기를 할 때에는 자기만의 이야기로 시작해서는 안되며, 이야기를 하는 사람들의 전통적인 생활 양식에 부합하는 것이 되어야 한다."[21] 설교자의 자기 이야기는 결코 홀로 설 수 없다. 자기만의 이야기로 시작하고 자기만의 이야기를 하다가 끝나서는 안된다. 그것은 항상 그리스도인들의 생활 양식에 부합된 이야기여야 한다. 그리스도인들의 이야기에는 당연히 성경의 가르침이 포함되어 있다. 그리고 여기에는 "성경의 가르침들을 삶에 적용시킨 과거 그리스도인 공동체의 역사와 그 전통들에 대한 현대적 적용이 들어 있다는 것이다."[22] 설교자의 이야기는 이러한 살아 있는 역사의 일부인 것이다.

Notes

1. Gustaf Wingren, The Living Word : A Theological Study of Preaching and the Church, trans. Victor C. Pogue (Philadelphia : Fortress Press, 1960), 209.
2. Ibid.
3. Ibid., 70~71

4. Ibid., 68

5. Ibid., 50

6. Ibid., 54

7. Richard Lischer, A Theology of Preaching : The Dynamics of the Gospel (Nashville : Abingdon Press, 1981), 19~20, offers helpful suggestions for understanding the preaching task "as broader and more demanding than the serial restatement of a Pericope's religious ideas." The last of these suggestions focuses on the text's relation to the "core of the faith."

8. Ibid., 19.

9. Elizabeth Achtemeier, Preaching as Theology and Art (Nashvile : Abingdon Press, 1984), 15.

10. Helmut Thielicke, The Waiting Father : Sermons on the Parables of Jesus, trans. John W. Doberstein (New York : Harper & Brothers, 1959), 170~181.

11. Ibid., 175.

12. Leslie D. Weatherhead, The significance of Silence and Othe Sermons (Nashville : Abingdon - Cokesbury Press, 1945), 21~22.

13. D. W. Cleverley Ford, An Expository Preacher's Notebook (New York : Harper & Brothers, 1960), 191~197.

14. John R. Claypool, The Light Within You : Looking at Life through New Eyes (Waco, Tex. : Word, 1978), 41~58.

15. Ibid., 131~140.

16. Leslie D. Weatherhead, When the Lamp Flickers (Nashville : Abingdon Cokesbury Press, 1948), 139~150.

17. This sermon appears in Richard L. Thulin, The Caller and the Called (Lima, OH. : CSS of Ohio, 1986), 67~71.

18. Thielicke, Waiting Father, 71~82.

19. George W. Stroup, Ⅲ, "A Bibliographical Critique," Theology Today (July 1975) : 133.

20. John Shea, "Theology and Autobiography." Commonweal 105 (16 June 1978) : 362.

21. Elie Wiesel, Messengers of God : Biblical Portraits and Legends, trans. Marion Wiesel (New York : Pocket Books, 1977), 12.

22. George W. Stroup, Ⅲ, The Promise of Narrative Theology : Recovering The Gospel in the Church (Atlanta : John Knox Press, 1981), 146. Thomas H. Groome helpfully suggests that there are three sources of teaching and learning in the Christian community as church : "The teaching of the official magisterium, the research of the theologians and scripture scholars, and the discernment of the people (what has been traditionally called the sensus fidelium, or the sense of the faithful)," Thomas H. Groome, Christian Religious Education : sharing Our Story and Vision (San Francisco : Harper & Row, 1980), 200.

5

자기 이야기와 설교

이 책에서는 종류가 다른 여러 자기 이야기를 예시하였다. 먼저 주제를 다양하게 선정하였다. 어린 시절, 가족, 학교, 목회, 여행, 친구들, 전쟁, 탄생, 죽음과 그 외 많은 주제들을 통해 충분히 생각해 보도록 했다. 내용의 정도에 있어서도 다양한 이야기들을 제시하였다. 어떤 이야기는 독특한 사건들에 관한 것이고, 어떤 것들은 일상 생활에서 흔히 접하는 평범한 경험 이야기이기도 하다. 이야기에 따라 내용의 길이도 다르다. 이들 중에서 한 이야기가 설교의 전체를 차지하는 경우는 없으며, 이야기들은 다른 이야기들과 연결되거나 성경 본문과 결합되어서 설명된다. 어떤 것들은 두 세 페이지 분량의 긴 이야기도 있으며 한 문단으로 표현되는 짧은 이야기도 있다. 이야기가 천차만별인

• 95 •

만큼 설교자도 다양하다. 그들이 설교에서 자기 이야기를 다루는 비중에는 차이가 있다. 그러나 모든 설교자들이 자신의 설교에서 항상 자기 이야기를 사용하고 있다고 판단해서는 안될 것이다. 어떤 설교자는 1인칭 단수 형태의 이야기에 매우 논쟁적인 태도를 취하고 있다. 실제로 특정한 원칙에 따라 자기의 생활을 상세하게 이야기하는 설교자는 별로 없다. 또한 설교자들이 이야기하는 방식도 다양하다. 어떤 설교자는 배경이나 인물을 남달리 자세하게 묘사하기도 하는 반면, 대화 내용을 많이 이야기하여 청중들이 사건의 인물로부터 직접 이야기를 듣는 것처럼 전개하는 설교자도 있다.

자기 이야기는 이처럼 다양하므로 할 이야기가 없다고 생각하는 사람이나, 몇 달 뒤에는 이야기의 소재가 바닥날 것 같은 느낌이 드는 설교자는 걱정할 필요가 없다. 기억에 남을 만큼 아주 중요한 한 두 가지 사건들을 이야기하고 나서 더 이상 할 이야기가 있을까?라고 의아해 한다면 아직까지 자기 이야기의 요점을 제대로 파악하지 못한 것이다. 모든 자기 이야기가 독특할 필요는 없다. 어쩌면 가장 기억에 남는 사건들만 이야기하려는 태도가 오히려 솔직하지 못하다는 것을 의미할 수도 있다. 왜냐하면 그것은 하나님께서 오직 비범한 사건들에만 관여하시고 평상시에는 그렇지 않다는 인상을 주기 때문이다.[1] 그러나 평범한 것들은 중요하게 여겨지지 않는 경우가 대부분이며, 남의 이야기를 듣고 나서 "나에게도 그런 일들이 생긴다면 얼마나 좋을까!"라고만 생각하기를 좋아한다. 중요한 사실은 "그런 일들"은 모든 사람들에게 일어난다는 것이다. 오히려 설교자들에게 필요한 것은 나에게 일어난 일들에 대해 더욱 세심하고 관심 있게 관찰할 수 있는 주의력이다. 살아가다 보면 마음을 상하게 하는 사람을 만나거나 기분 나쁜 일을 당하기도 하며, 어떤 사람들을 만나면 쌓여 있던 스트레스가 한 순간에 사라져 버리는 경우도 있다. 신경을 곤두세우는 말을 듣기도 하고, 차분하게 위로하는 말을 듣기도 한다. 어떤 종류로든지 사람들에게 정서적 반응을 일으키는 일들은 자기 이야기가 될 수 있으며, 잘 정리하여 남에게 이야기해 줄 가치가 있는 것이다.

자기 생활 속에서 이야기들을 좀 더 많이 찾아낼 수 있는 방법은 여러 가지이다. Frederick Buechner나 Madeleine L'Engle, David H. C. Read와 같은 현대 기독교인들의 자서전을 읽어보는 것이 그 중 한 가지 방법이다.[2] 또한 자서전을 쓰는 지침서를 구입해서 볼 수도 있다.[3] 정서적으로 강한 반응을 이끄는 내용의 인물, 사건에 관한 정기 간행물을 하루에 20분 정도씩 읽는 것도 좋은 방법이 될 수 있다.[4] 다양한 형태로 길고 짧게 기록된 여러 가지 자기 이야기를 보게 되면 자기의 이야기를 한 가지 방법으로 밖에 표현하지 못한다는 생각은 사라질 것이며, 여러 가지 방법으로 자기 이야기를 표현하려고 시도해 보게 될 것이다. 자기 이야기를 항상 설교의 서두 부분이나 끝 부분에서 말할 필요는 없다. 설교 중반에 이야기할 수도 있고 어느 부분에서나 말할 수 있다. 항상 같은 스타일로 이야기를 할 필요도 없는 것이다. 어떤 것은 배경이 강조되어야 하고, 어떤 것은 인물에 초점을 둘 수도 있다. 설명이 필요한 이야기도 있으며, 이야기 속에서 청중들이 직접 결론을 얻어내도록 문제만 제기해 주고 이야기를 마칠 수도 있다. 대부분 사람들은 이야기 속에서 어떤 방법이 자기에게 적합한지를 알 수 있고, 좋은 이야기를 할 수 있는 비결들을 익힐 수 있다. 또한 자신이 직접 자기 이야기를 만들어 연습을 해 봄으로써 이야기의 수준을 끌어올릴 수 있다. 다른 사람들의 자기 이야기를 읽어보는 것도 도움이 되며, 짧은 이야기들이나 소설을 읽는 것도 유용한 방법이다. 이야기하는 방법에 관한 책들이나 글쓰는 방법에 관한 책을 읽는 것도 커다란 도움이 된다.[5]

설교에서 사용되는 자기 이야기는 다양한 길이, 형태, 문체로 표현될 수 있다. 이러한 다양한 방법들로 자기 이야기를 할 수 있다는 것은 그리 중요한 사항이 아니다. 자기 이야기에서 보다 더 중요하게 고려해야 할 점은 이미 강조해 온 바와 같이 자기를 드러내는 부분이 있어야 한다는 것과 사건 속에서 깨달은 것을 이야기해 주어야 한다는 것이다. 이야기를 통해 설교자는 개인적, 사회-문화적 맥락에서의 종합적인 자기 모습을 보여 주어야 하며, 이야기의 내용은 복음적 내용과 결합되어야 할뿐만 아니라 성경 본문을 반영하는 것이어야 한다. 여기에 한 가지 덧붙이자면 자기 이야기는 설교의 나머지 부분들과 완전하게 결합되어 있어야 한다.

자서전적 이야기가 충분한 효과를 지니기 위해서는 이야기가 설교의 내용과 완전히 합쳐져야 한다. 이것은 너무나 당연한 이야기 같지만 실제로 그 사실을 알고만 있는 것과 직접 설교에서 나타내는 것은 다르다. 잘 알려진 설교자들도 자기 이야기를 하다 보면 의도한 만큼 효과적인 결과를 얻지 못하는 수가 많다. 이것은 그 사람들이 자기 이야기를 제대로 못하고 있다는 것을 말하려는 것이 아니라 실수를 통해서 교훈을 얻고자 하는 것이다. 아무리 훌륭한 설교자들이라도 청중의 주의를 집중시킬 만한 적절한 순간을 파악하는 것은 쉽지 않기 때문이다. 이와 같이 자신은 완벽한 설교를 한다고 주장할 수 있는 사람은 아무도 없으므로 설교자들은 지속적으로 기술을 익혀야 할 것이다.

때때로 훌륭한 설교자일지라도 생각나는 대로 자기 이야기를 하는 경향이 있는 것 같다. 그러한 이야기는 설교에 초점을 제대로 맞추지 못할 뿐만 아니라 이야기의 내용 전개에 있어서 어느 방향으로 이야기를 이끌고 가야하는가를 혼동할 수 있으며, 전하고자 하는 메시지의 내용이 강력하지 않기 때문에 청중들로 하여금 혼동을 야기시키는 경우가 많이 있다.

예를 들어 "예수그리스도께서 풍랑을 잠잠케 하신 것이 사실인가?"라는 설교에서 웨더헤드는 1934년 여름에 갈릴리 호수를 가로질러 여행을 했던 경험을 이야기하였다. 풍랑이 갑작스럽게 일어날 것이라는 선원의 경고를 웃어넘기면서도 웨더헤드와 일행은 예정했던 것보다 서둘러 육지로 향했다. 몇 분이 채 안되어 실제로 풍랑이 일어나 잔잔했던 바다에는 순식간에 거센 물결이 일기 시작했고, "한 시간 가량이 지나서야 온 몸이 흠뻑 젖은 채로 육지에 도착할 수 있었다."라고 웨더헤드는 말했다. 그는 계속하여 "그런데 부두에 도착하고 난 후 점심 식사가 채 끝나기도 전에 호수는 아무 일도 없었다는 듯이 출발할 때처럼 잔잔해졌습니다."라고 얘기한 후, 이와 같은 갑작스런 풍랑이 일어나는 이유에 대해 짤막하게 설명하고 나서 웨더헤드는 바실 매튜(Basil Matthew)의 '예수의 생애'(The Life of Jesus)라는 책과 조오지 아담 스미스(George Adam Smith)의 '성지의 역사적 지리'(Historical Geography of the Holy Land)라는 책에 진술된 증언을 통해 자기의 주장을 확인하였다.[6] 그리고 나서 그는 예수 그리스도께서 말씀을 통해 갈릴리의 갑작스런 풍랑을 잠잠케 했다는 마가복음에 대한 의문을 제기한다. "순식간에 풍랑이 일었다가 갑자기 사라져 버리는 일은 예수 그리스도께서 세상에 오시기 전에도 있었던 현상이고 오늘날까지도 나타나고 있는데 그렇다면 이 현상을 어떻게 이해해야 할까요?"[7] 웨더헤드는 대체로 훌륭한 언어 구사를 하고 있지만 별로 필요하지 않은 이야기를 덧붙이고 있는 것이었다. 동일한 자연 현상에 대한 목격자를 세 명씩이나 등장시키는 것은 이야기의 낭비인 것처럼 보인다 (웨더헤드는 자신의 각주에 네 명의 다른 참고 책자와 저자를 언급해 놓았다).

세 명을 모두 언급할 필요가 있다고 생각했다면 자신의 이야기는 하지 않는 것이 좋았을 것이다. 이야기 자체는 구체적이고 생동감이 있으며, 독자들이 갈릴리 호수의 신기함에 빠져들 만큼 흥미를 주기도 하지만 실제적으로 방해 요소가 된다. 돌연 마가의 이야기로 옮겨간 것 역시 이야기의 연결에 방해가 되고 있다. 그의 이야기는 자연적인 현상과 초자연적인 사건 사이에서 느껴지는 긴장 관계에 초점을 두기보다는 바다 자체에만 주의를 모으고 있다. 이야기 자체는 흥미롭지만 설교의 방향을 벗어나게 되어 버렸다.

설교자들은 자기가 말하고 있는 자기 이야기를 잘못 이해하고 있는 것처럼 보일 때도 있다. 즉 설교자가 전달하고자 하는 내용과는 관계가 없는 이야기를 하는 경우이다. 이렇게 되면 나중에 아무리 설교를 일관성 있게 종합하려고 해도 어딘가 내용이 빗나간 느낌이 들게 된다.

"더욱 멋진 길"이라는 설교에서 D. W. 클레벌리 포드(D. W. Cleverley Ford)는 "사랑을 소유한" 영향력 있는 설교자, 학자, 행정가들의 예를 들려고 하였다.[8] 그는 영국 교회에서 가장 훌륭한 설교자 중의 한 사람을 초청하여 어려운 형편에 처한 자신의 교회에서 설교를 부탁했던 이야기를 하였다. 그 사람은 오지 않았지만 이전에 보지 못하던 겸손하고 품위 있는 태도로 정중하게 거절하는 편지를 보내 왔다고 말했다. 포드의 말은 분명히 사실이지만 그는 이야기를 통해 알 수 있는 사실보다도 훨씬 개인적인 생각으로 말을 하고 있다. 그는 거절하는 편지 내용도 언급하지 않았으며, 편지도 엽서로 온 것이다. 포드의 초청 자체가 과감한 일이었다는 이유도 언급된 바가 없다. 포드가 거짓말을 하고 있지 않다는 것은 확실하지만 간단한 이야기만 듣고서 그의 설명이 사실인지 아닌지는 확인해 볼 길이 없다. 또한 이야기가 확실하지 않으므로 사랑이 넘치는 설교자, 학자, 행정가들이 존재하고 있다는 사실도 제대로 증명되지 못했다. 포드는 차라리 그러한 인물들이 있다는 사실을 먼저 주장한 뒤에 이야기를 하는 편이 나았을 것이다.

　설교자가 제시하는 것과는 다르게 받아들일 수 있는 또 하나의 짤막한 1인칭 이야기를 티엘리케의 "알곡 속에 있는 가라지의 비유"라는 설교에서 볼 수 있다.[9] 티엘리케는 성 미가엘 교회에 참석했던 한 교인의 다음과 같은 이야기를 인용하고 있다. "성 미가엘 교회에서 들은 설교는 영적인 내용과는 전혀 상관이 없이 순전히 최근에 유행하는 떠들썩한 이야기들만 말하고 있었습니다. 사람들도 뭔가 짜릿한 것만을 찾으려고 교회에 오고 있으니 이건 예배를 드리러 오는 게 아니라 예배를 구경하려고 오는 거죠."[10]) 티엘리케는 이 참석자가 성 미가엘 교회에 대해 비판을 가한 이유는 교회에서 번성하고 있는 "잡초"들을 멸절시켜야 한다는 뜻으로 말한 것이 아니라고 잘 설명하고 있다. 그러나 그는 계속해서 "어쨌든 그 사람은 교회에서 일어나고 있는 상황을 일종의 잡초라고 표현하고 있군요."라고 말을 이어가고 있다. 잡초가 무엇을 의미하는가에 대해서 티엘리케는 그것이 영적인 순수성이 결여되어 있는 교인들이라고 전제하였고, 이러한 기본 개념 속에서 설교를 계속하고 있다. 그러나 교회를 비평한 그 참석자는 티엘리케의 설교를 듣고서 그 역시 잡초라고 평가할 수도 있을 것이다. 그 참석자는 성 미가엘 교회의 교인들만 언급한 것이 아니라 설교에 대해서도 문제점이 있음을 제시했었다. 뽑혀야 할 잡초와 마찬가지로 티엘리케의 설교는 지금의 전개와는 전혀 다른 양상으로 종합되어야 한다. 티엘리케의 이야기는 그가 예상하지 않던 의미로 해석될 수도 있으므로 전반적으로 이야기가 빗나간 느낌이다.

때때로 자서전적 이야기가 원래의 영향력을 제대로 발휘하지 못하는 이유는 전달되어야 할 부분들을 충분히 이야기하지 않았기 때문이다. 이야기를 하다가 곧바로 요약식으로 설명해 버리면 내용을 쉽게 잊어버리게 된다. 이야기를 생략함으로 설교의 주제가 분명해 지고 강조되기는 하지만 단순히 한 번 언급하고 지나가는 이야기는 효과가 없다. 이것은 종합적으로 합류되지 못하므로 어떤 의미에서는 불필요한 소모라고 할 수 있다. 비유에 관한 또다른 설교에서 티엘리케는 자신이 목사로서 첫 성경 연구를 지도했을 때의 일을 떠올리고 있다.[11] 그 당시는 "히틀러가 정권을 잡고 있었지만 그의 권력은 전능하신 주님께서 줄에 매달아 조정하고 있는 꼭두각시에 불과하다."고 티엘리케는 생각했다. 그는 "내가 하늘과 땅의 모든 권세를 받았노라."라는 예수 그리스도의 말씀을 믿고 비장한 결심으로 집회 장소를 찾아갔지만 단지 세 사람만이 그를 기다리고 있었다. 바깥에서 씩씩하게 행군을 하고 있는 젊은 병사들과는 대조적으로 그를 맞이한 사람들은 두 명의 할머니와 더 나이가 들어 보이는 오르간 연주자 한 명뿐이었으며 "중풍으로 마비

된 손으로 연주하는 오르간 소리는 유난히 귀에 거슬리기만 했다. 하늘과 땅의 권세를 받으신 주님께서 하시는 일이 겨우 이 정도였었나? 주께서 해 주실 수 있는 일이 이것이 전부라면 이처럼 초라한 응답"은 오히려 사람들이 당신을 비난하게 하는 것이 아닐까?"라고 티엘리케는 의문을 품게 되었다.

그는 곧이어 자신의 질문에 대해 결론적인 대답을 이야기해 주었지만 아쉽게도 성경 연구에 모인 세 사람에 대해서는 더 이상의 언급이 없다. 그들의 이야기는 티엘리케의 결론을 뒷받침해 주는 실제적인 도움이 될 수 있었을 것이다. 예를 들어 그는 마태복음 13장 31~32절의 겨자씨 비유가 강조하는 점은 외적인 성장과 웅장함에 있는 것이 아니라 그리스도인의 역할 기능이 커진다는 것을 의미한다고 주장하였다. 그것은 맞는 말이지만 세 사람에 대해서는 궁금하지 않을 수가 없다. 그들은 단지 처음에 문제를 소개하기 위해서 등장시킨 배경 인물인지, 아니면 비유의 가르침을 실제로 증명해 주는 산 예화들인지를 알고 싶은 것이다. 그런 뒤 티엘리케는 그리스도인 또는 교회와 하나님의 왕국 사이의 중요한 차이점을 거듭 이야기한다. 그는 주장하기를 이 비유는 기독교계, 즉 교회나 서방 기독교 국가들의 번영을 의미하는 것이 아니라 말씀을 받은 신자들이 예수 그리스도를 향해 자라가는 것을 뜻한다고 진술하였다. 이것이 사실이라면 적어도 티엘리케는 성경 연구를 위한 작은 모임에 대해서는 올바르게 생각하고 있지 못했던 것 같다. 중요한 것은 사람 수나 연령, 육체적 조건이 아니며, 그것들은 분명히 진리의 척도가 될 수 없다는 티엘리케의 말에 의하면 세 사람의 경우도 여기에 해당될 것이다. 그러나 티엘리케는 그러한 언급을 결코 하지 않았다. 만약 티엘리케가 젊은 목사와 별 볼 일 없는 교인들의 모습에 직접적으로 이러한 주장을 적용했다면 용기를 북돋는 그의 설교에 더욱 실질적인 효과를 주었을 것이다.

설교 속에 나타나는 자기 이야기가 전체 내용의 나머지 부분을 반영해 주고 있다면 그 설교는 전체적이 합류가 이루어지고 있다고 할 수 있다. 반대로 설교의 주제가 전개되어 갈수록 자전적 이야기의 내용이 나타나고 있다면 그 역시 설교가 전체적으로 합류되어지고 있는 것이다. 두 가지 경우 모두에서 이야기는 확장되고, 충분히 검토될 것이며, 이야기의 진행해야 할 방향으로 충분히 전개될 수 있게 된다. 그러나 이야기의 내용과 설교의 주제가 결과적으로 다른 방향으로 진행하기 때문에 이야기를 충분히 전개하지 못할 경우가 때때로 발생한다. 이와 같이 지적하는 방향이 다를 때에는 서로를 반영해 주지 못하고 완전한 합류가 이루어지지 못한다. 여기에서 문제는 이야기가 끝까지 소개되지 않고 끊어진다는 사실보다 이야기를 통해 이루어질 수 있었던 설교의 충분한 효과가 발휘되지 않았다는 것이다.

설교 방법을 바꾼 일과 그런 결정을 하도록 깨달은 경험에 대한 페리스의 이야기는 이미 언급되었었다.[12] 그의 이야기는 자전적 이야기에 필요한 깨달음의 요소에 대해서 적절한 설명을 하고 있는 반면, 종합적인 결합이 제대로 이루어지지 않고 있다. 이 설교는 자신에게 맡겨진 과중한 일들에 대한 책임감으로 항상 무거운 부담을 갖고 있을지도 모르는 사람들을 위한 설교로서 사람들이 "걱정할 필요가 없는 일"에 대해 걱정하고 있으며, 그런 불필요한 염려가 개인의 "유용성"을 얼마나 감소시키는지를 자신의 이야기를 통해 보여주고 있다. 또한 그의

이야기는 사람들이 부담스러운 책임감에서 벗어나고 불필요
한 걱정으로부터 평안을 찾을 수 있다고 설명한다. 그러나 실
제로 페리스가 불안감으로부터 벗어난 방법은 자신이 청중들
에게 제안한 방법과 다른 것 같다. 어느 날 그는 자기가 불안을
일으키는 행동을 계속하는 것은 단지 자기 만족감을 얻으려는
쓸데없는 짓이라는 생각을 하게 되었고 자신에게 다음과 같이
말했다. "지금 나는 쓸데없는 일을 가지고 괴로워하고 있어"
그런 생각을 한 후에 그는 안도감을 되찾게 되었는데, 그것은
페리스의 의지적 행동, 즉 "이것은 바보 같은 짓이야. 더 이상
그렇게 하지 않겠어"라는 생각을 실천에 옮겼기 때문이다. 그
러나 그는 청중들에게 말할 때에는 기도에 대해 이야기하면서
책임 부담을 지고 있는 사람들이 활용할 수 있는 기도 방법을
설명해 주고 있다. "이와 같은 생각으로 기도를 하십시오. 우
리가 그러한 기도를 진실한 마음으로 할 때, 염려를 주는 문제
들은 사라지게 될 것입니다." 근심을 덜어내는 방법에 있어서
는 그리 특별한 것은 없다. 부담의 원인, 문제의 인식, 문제 해
결의 효과 등은 모두가 비슷하다. 그러나 의지적인 행동이라는
것은 분명히 성격이 다른 것으로서 기도의 행위와는 구별된다.
페리스의 언급에서도 알 수 있듯이 기도라는 것은 자기의 습관
을 버리는 것 이상의 무엇이다. "하나님께서 취급하시고 돌보
시는 부분들이 있습니다. 우리가 이런 것들에 대해 걱정할 필
요는 없는 것입니다." 페리스가 자신에게 말한 것을 기도라고
생각할지는 모르지만 적어도 그의 말을 듣는 사람에게는 그렇
게 생각되지 않을 것이며, 전체적인 통합을 애매하게 만들어
놓은 결과만 가져오게 된다.

설교와 자기 이야기의 전체적인 통합이 잘 이루어진 예를 든

다면 존 베노스달(John Vannorsdall)의 "버스"라는 설교에서 찾아 볼 수 있다.[13] 그 설교는 베노스달이 뉴 헤븐(New Haven)에 있는 기차역에서 뉴 헤븐 그린(New Haven Green)으로 가기 위해 버스를 타는 상황에서 이야기를 시작하고 있다. (이어지는 내용을 이해하기 위해 부록 3에 있는 내용을 참조할 것) "두 어린 소년이 승차권을 사기 위해서 판매기에 동전을 넣었는데, 버스에는 이미 승차권이 매진된 상태였습니다." 소년들이 다음 버스를 타기 위해 가지고 있던 돈은 그것이 전부였지만 운전사는 그 동전을 꺼내지 못한다는 것을 알았다. 승객 중 한 사람이 다음 버스가 뒤에 오고 있다고 말해 주었으며, 운전사는 아이들에게 그 버스로 가서 돈은 이미 앞에서 냈다고 말하면 탈 수 있을 것이라고 말했다. 승객 한 사람이 다른 승객들을 대신하여 말하기를 뒤에 있는 운전사는 태워 주지 않을 것이라고 했다. 베노스달이 타고 있던 버스의 운전사는 어떤 이유로든지 운전석을 비워서는 안된다고 생각하고 있었지만, 승객들 모두가 괜찮다는 듯이 그녀를 조용히 쳐다보았고, 결국 그녀는 차에서 내린 다음 뒤에 있는 버스로 가서 두 장의 승차권을 가지고 온 뒤 두 아이들에게 주었다. 베노스달의 버스가 마침내 출발했을 때 그의 옆에 타고 있던 여인은 건너편 사람들에게 "저 여자는 신참 운전사지만 일을 아주 잘 할 거예요."라고 소리쳤다.

버스 안에서의 이 이야기는 평화에 관한 설교로 집중시키기에는 너무 일상적인 내용인 것처럼 보이지만 베노스달은 그 일을 잘 해내고 있다. 그의 설교의 나머지는 버스 승차뿐만 아니라 주제 본문인 요한복음 10장 11~16절에 대해 생각을 나누고 있으며, 아르헨티나 군이 지키고 있는 포클랜드 섬에 영국

군이 침투하기로 잠정적 결정이 되어 있는 1982년 당시의 상황도 언급하였다. 베노스달은 버스의 사건에서 두 가지 교훈을 얻었다고 말한다. 첫째로 다른 승객들이 버스에 대해 잘 알고 있었다는 사실이다. 그는 지식은 여러 가지 종류가 있으며, 어디에나 있다고 진술하면서도 절대로 버스와 승객에 대한 내용에서 벗어나지 않았다. 그는 다른 사건들에 대해 이야기하면서 지식에는 "버스를 세우는 방법", "버스를 타는 방법"들도 포함된다고 했다. 그러나 진실은 지식보다 더 중요한 것이라고 하면서 자신이 배운 두 번째 교훈을 전달한다. "승객들은 버스에서 일어난 일에 모두 관심을 보였습니다. 버스에 대한 그들의 지식은 진실과는 다르지만 지식의 도움으로 진실이 실현될 수 있었습니다."[14] 지식 자체가 돈을 돌려주지는 못한다고 그는 말한다. 버스를 움직이게 하는 것이 지식이라면 진실이란 인간을 인간답게 해 주는 것이다. 진실은 두 아이에게 다가가서 승차권을 가져다 주었으며, 신참 운전사에게는 용기를 주었다. 그의 설교는 다음의 말로 끝난다. "진실은 버스 안에 살아 있었습니다."

베노스달이 언급하고 있는 지식과 진실, 요한복음 10장의 선한 목자, 사우스 아틀랜틱에서의 정황들은 이야기의 상당 부분이 생략되어 있다. 그러면서도 그의 개인적인 이야기는 전체적인 통합을 이룰 수 있는 적절한 묘사들로 꾸며졌으며, 그가 설교에서 전달하고자 하는 두 가지 중심적인 교훈을 잘 드러내고 있다. 그는 버스 이야기 속에서 지식과 진실에 대한 자신의 견해를 묘사해 나아갔으며 의미를 발전시켜 가고 있다. 매 구절마다 버스와 그 안에서 일어난 일, 승객들, 운전사에 대해 언급이 되어 있으므로 이것들은 잊혀지지 않을 것이다. 설교는 버스에서 시작하여 버스에서 끝나지만 그 사이에는 매우 많은 일들이 일어났다. 신중하게 종합된 버스 이야기는 지식과 지혜에 대한 의미를 상징적으로 보여 줄 뿐 아니라 진실이 더 중요하다는 것도 암시해 주었다. 버스 이야기를 기억할 때마다 청중들은 나머지 내용도 연상하게 될 것이다. 이것이 바로 전체적인 결합의 효과인 것이다. 결합은 이야기를 통제하는 역할을 해 준다. 재미있는 이야기를 듣고 나서 그 자체에 대해서만 추측하고 마는 경우에는 전체적인 해석이 이루어지지 못한다. 이야기는 한 사람의 설교자가 이해하고 분류하는 방식으로만 해석되는 것이 아니라 훨씬 다양하게 해석된다. 이런 경우 역시 설교자가 이야기를 통해 의미를 전달할 수 없게 된다. "이야기란 단순히 들려주는 것이 아니라 만들어야 하며 제한적인 범위로부터 벗어나게 해야 한다."[15] 이야기라는 것은 설교자와 청중들 사이에서 일어나는 무언가가 되어야 한다. 설교자만이 유일한 해석자가 아니다. 이 점은 이미 앞에서도 언급했으며, 때때로 어떤 자기 이야기는 설교자가 의미하는 것과는 별 상관이 없는 내용인 것처럼 보일 때도 있다는 것을 예를 들어 설명하였다. 이럴 때 청중들은 이야기와 설교자의 말을 듣고 나서 나름대로의 결론을 내릴 수밖에 없다. 이런 이야기의 특성 때문에 종종 볼 수 있는 또 하나의 현상은 청중들이 이야기나 특별한 부분에만 집착하게 되는 것이다. 이야기를 나머지 내용들과 결합하게 되면 청중들이 이야기에만 집착하지 않도록 적절한 통제를 가할 수 있다.

적절한 예를 "자기를 미워하지 말자"라는 웨더헤드의 설교에서 볼 수 있는데 그는 어린 시절의 어느 크리스마스 오후에 집에서 있던 일을 이야기하였다.[16] 그는 "스코틀랜드 출신이

며, 장로교인이었던 자기 아버지에게 이야기의 초점을 맞추었
는데, 그의 아버지는 크리스마스 저녁 식사가 끝나면 벽난로
앞에 앉아 종종 자신이 스코틀랜드에 있는 듯한 기분을 맛보곤
했었다. 고향을 그리워하는 아버지의 모습을 웨더헤드는 매우
감동적으로 묘사하고 있으며, 청중들은 한 노인이 가지고 있던
추억과 눈물에 공감하지 않을 수 없을 것이다. 또한 어린 시절,
지금은 고인이 된 부모, 과거의 크리스마스 이야기들을 생각하
느라고 설교 내용을 쉽사리 잊어버릴 것 같기도 하지만 웨더헤
드는 청중들의 주의를 이야기의 요점으로 끌면서 히브리서 11
장 16절의 본문과 이야기를 결합시키고 있다. "저희가 이제는
더 나은 본향을 사모하니 곧 하늘에 있는 것이라." 그의 설교
에는 어린 시절의 크리스마스 이야기와 함께 다른 부분들도 언
급이 되었다. 웨더헤드는 자신의 고국에 대한 관심과 음식과
의복을 요청하는 마음으로 시내 교회를 찾아온 인도 학생에 대
해 이야기하고 있다. "저는 그들이 배를 타고 그들이 있어야
할 곳, 자기들의 고향으로 속히 돌아갈 수 있는 날이 오기를 소
망하고 있다고 생각했습니다." 그는 학교 기숙사에서 첫날 밤
을 뜬 눈으로 지새운 그 학생의 이야기를 하면서, 많은 사람들
이 잠을 이루지 못하고 잠옷 바람으로 흐느끼며 밤을 새운 경
우가 있다고 말했다. 그는 시집이나 자연에 관한 책들이 계속
해서 읽히는 것은 사람들이 하늘에 있는 더 나은 본향을 사모
하고 있음을 암시하는 것이라고 했다. 웨더헤더의 아버지 이야
기는 이런 이야기들 속에도 잊혀지지 않고 오히려 부드럽게 이
어지면서 통제되고 있다. 그는 크리스마스 이야기와 다른 이야
기들을 조심스럽게 결합시키면서 중요한 것은 아버지의 추억
이야기가 아니라 고향에 대한 갈망이라는 것을 뚜렷하게 제시

하고 있다. 웨더헤드는 청중들이 그의 아버지 또는 자기만의 향수에 젖어들도록 내버려두지 않는다. 고향을 떠나 침대에서 훌쩍거리는 모습은 다만 우리 부모들이나 자신의 모습만은 아닌 것이다.

자기 이야기를 설교의 나머지 부분과 결합하게 되면 설교자만을 부각시키려는 것처럼 들릴 위험을 막아 주며 설교자가 불필요한 주목을 받게 하는 것을 방지해 준다. 이와 같은 예를 에드먼드 스테임리의 "모든 것은 어떻게 끝나는가?"라는 설교에서 찾을 수 있다.[17] 스테임리는 대부분의 사람들이 죽음에서의 부활이 그대와 나의 생애에 있어 가장 중요한 소식이라는 것을 생각하지 않고 있다고 말하면서 적어도 자신의 경우는 그렇다고 이야기했다. 그는 매일 아침마다 잠자리에서 일어나지만 단 한 번 스쳐 지나가는 생각으로라도 부활에 대해 생각해 본 적이 없었다고 고백했다. 이와 같은 이야기에서는 자기 언급이나 자기를 부각시키는 면을 거의 찾을 수 없다. 게다가 스테임리는 자기 이야기에 앞서 모든 사람들의 일반적인 경우를 전제함으로서 문맥상 자기 부각을 방지하였으며, 티엘리케의 다음과 같은 말을 곧바로 인용하였다. "정말 우리는 그러한 생각을 하지 않죠. 부활이라는 막연한 문제보다는 당장 한 끼의 아침 식사가 더 중요한 것이 우리들의 현실이 아닐까요?" 스테임리는 "자기"에 대한 이야기의 앞뒤에 "우리"를 밀접하게 결합시켰기 때문에 청중들은 스테임리 자신에 관한 이야기에 집착하지 않게 된다.

시간을 낭비하지 않도록 한 가지 방법을 제시하고 있는 스테임리의 또다른 설교 "시간과 친숙해지기"라는 설교에서도 이와 같은 유형을 볼 수 있다.[18] "여러분들과 저는 이런 문제에 대해 전문가가 될 수 있습니다." 그리고는 자신이 최근에 8시간 동안 자동차로 여행을 하면서 시간을 보낸 경험을 들려 주었다. "하루를 그냥 버린 셈이죠. 한 것이라곤 아무것도 없었으니까요." 이 이야기에서도 스테임리가 자신을 강조하고 있다고 생각되는 부분은 찾을 수 없다. 게다가 문맥상 자기를 감추는 기법이 여기서도 엿보인다. "자기"에 대한 언급을 하기 전에 그는 여러 번 "우리"에 관한 이야기를 했으며, "자기"의 이야기를 짧게 마치고 나서는 모든 사람들이 시간을 소일하고 있다는 일반적인 사실을 더 길게 이야기하였다. 스테임리는 문맥속에서 자기를 뚜렷하게 나타내면서도 우리들 중 한 사람의 모습으로 자신을 표현했었기 때문에 그의 "자기"는 우리의 "자기"와 결합될 수 있었다. 그는 청중들 이상도 이하도 아닌 동일한 입장으로 자신을 나타내었고, 자연히 청중의 관심은 스테임리의 이야기가 아니라 우리들이 이야기, 즉 시간에 대한 문제로 이끌리게 되었다.

Notes

1. I like the calim that the peak moments are given to us so that we may become more capable of hearing the telling of the same story in the "humdrum, the wearisome, and the boring," John navone and Thomas Cooper, Tellers of the Word (New York : LeJacq Publishing, 1981), 62

2. Frederick Buechner, The Alphabet of grace (New York : Seabury Press, 1981); idem, The Sacred Journey (San Francisco : Harper & Row, 1982); and idem, Now and Then (San Francisco : harper &

Row, 1983). Madeleine L'Engle, A Circle of Quiet (New york : Seabury Press, 1977); idem, The Summer of the Greatgrandmother (New York : Seabury Press, 1980); and idem, The Irrational Season (New York : Seabury Press, 1979). David H. C. Read, This Grace Given (Grand Rapids : Wm. B. Eerdmans, 1984).

3. See, e.g., Lois Daniel, How to Write Your Own Life Story (Chicago : Chicago Review Press, 1980).

4. See, e.g., Kenneth L. Gibble, The Preacher as Jacob : A New Paradigm for Preaching (New York : Seabury Press, 1985), 80~83.

5. See., e.g., William J. Bausch, Storytelling : Imagination and Faith (Mystic, Conn. : Twenty‐Third Publications, 1984); William R. White, Speaking in Stories : Resources for Christian Storytellers (Minneapolis : Augsburg Publishing House, 1982); William R. White, Stories for Telling : A Treasury for Christian Storytellers (Minneapolis : Augsburg Publishing House, 1986); and John Gardner, The Art of Friction : Notes on Craft for Young Writers (New York : Vintage Books, 1985).

6. Leslie D. Weatherhead, When the Lamp Flickers (Nashville : Abingdon‐Cokes bury Press, 1948), 64~72.

7. Ibid., 67.

8. D. W. Cleverly Ford, An Expository Preacher's Notebook (New York : Harper & Brothers, 1960), 204~209.

9. Helmut Thielicke, The Waiting Father : Sermons on the Parables of Jesus, trans. John W. Doberstein (New York : Harper & Brothers, 1959), 71~82.

10. Ibid., 77.

11. Ibid., 61~70.

12. Theodore Ferris, "To Care and Not to Care," in This Is The Day

(New York : Wilcox & Follet, 1951), 86~87.

13. In Preaching Peace, ed. Ronald J. Sider and Darrel J. Brubaker (Philadelphia : Fortress Press, 1982), 65~69.

14. Ibid., 67.

15. Frank Kermode, "Novel and Narrative," In The Theory of the Novel : New Essays, ed. John Halperin (New York : Oxford University Press, 1974), 174.

16. Leslie D. Weatherhead, That Immortal Sea (Nashville : Abingdon Press, 1953), 147~57.

17. Edmund A. Steimle, From Death to Birth (Philadelphia : Fortress Press, 1973), 3~8.

18. Ibid., 51~56.

6

자기 이야기의 필요성

설교자가 반드시 자기 이야기를 해야만 효과적인 설교를 할 수 있다고 말하고 싶지는 않다. 또한 필자는 오직 자기 이야기를 통해서 설교자 "자신"이 드러나야 한다고 주장하고 싶지도 않다. 그런 주장은 말도 안되는 것이며, 이에 대해 반론을 제기할 수 있는 증거들 또한 많이 있다. 설교에서 "자기"를 나타내는 방법은 여러 가지가 있으며, 그런 방법 모두가 효과를 얻을 수 있다는 실례도 흔히 볼 수 있다. 자기 이야기로도 해결하지 못하는 부분이 있으며, 자기 이야기가 필요 없는 경우가 있다는 사실도 인식할 필요가 있다.

(1) 신뢰감의 필요성

설교자들에게는 자기를 증명하는 것이 중요하게 여겨질 경우가 있으며, 때때로 이것은 자기 소개 이상의 의미를 가지게 된다. 아마도 초빙된 설교자로서 설교를 하는 이들은 목회를 담임하는 목사들보다도 낯선 대중 앞에 서는 기회가 더 많을 것이다. 또 어떤 부흥사들은 광고나 전단에 실린 몇 가지의 사항 외에는 거의 소개되지 않은 채로 청중들 앞에 설 경우가 있을 것이다. 이런 때에는 청중들에게 공식적으로 알려진 사실 이외의 자신의 깊은 면을 나타내는 것이 중요하다. 어떤 의미에서 설교는 인격적인 거래이며, 그 거래가 잘 이루어지기 위해서는 상대방이 자기를 충분히 이해하고 있어야 하는데, 그러한 접근 방법이 바로 자기 이야기이라고 볼 수 있는 것이다. 물론 이야기라고 해서 닥치는 대로 하는 것은 절대로 아니며, 그 속에는 일관성과 목표가 있어야 한다는 것은 말할 것도 없다. 이러한 경우에 설교자는 자신이 알지 못하는 사람들에게 말하기 위해 서 있는 기분이 어떠한지를 대중에게 밝힐 필요도 있다.

예를 들어 졸업반 학생들을 위한 강의에서 프레데릭 부크너(Frederick Buechner)가 "앞에 서 있는 이 사람이 누군지 여러분들은 잘 모르시겠죠."라고 말을 꺼내는 것 등이다.[1] "만약 제가 하려는 말이 조금이라도 꾸며낸 이야기라면 저는 지금과 같이 감히 여러분들 앞에 서 있을 수가 없을 것입니다."[2] "솔직히 말씀드려서 저는 원고를 쓰다가 그만 두려고 했습니다."라고 말을 시작한 뷔르겐 몰트만(Würgen Moltmann)은 장애인과 정상인이 함께 모인 회합에서 다음과 같이 말을 이어가고 있다.[3] "사실 제 자신이 장애자가 아니기 때문에 저는 이런 자리에서 설교하기에 적합한 사람이 아닙니다. 오히려 장애인 여러분들께서 저를 향해서 말씀하시는 것이 옳을 것입니다."[4] 부크너와 몰트만은 자신들의 입장을 자기 이야기로 말하지는 않았으나, 이런 사항은 자기 이야기로도 표현할 수 있을 것이다. 어쨌든 자기 이야기를 통해서 자기를 증명하는 것이란 신문 기사를 읽어 주거나 자서전을 낭독하는 식으로 자신을 소개하는 것이 아니라, 그 이상의 의미를 포함해야 한다는 것을 위의 경우에서 알 수 있다.

간단한 자기 소개를 통해서도 맡겨진 설교에 대한 자신의 부족함을 표현할 수 있는데, 장애자가 아닌 한 사람으로서 몰트만이 "장애인 여러분의 아량과 이해"를 바란다고 말을 하는 것과 같은 경우이다.[5] 한 가지 예를 더 들자면 그는 "세계를 위해 교회가 해야 할 일"이라는 주제로 강연을 부탁받고 단상에 섰을 때 다음과 같이 말하였다. "저는 단지 서구 산업 국가에 살고 있는, 소위 말하는 자본주의 사회의 한 사람입니다. 또한 신학을 연구하는 교수로서, 그리스도인이라고 불리우는 한 독일 남자로서 여러분에게 말하려는 것입니다."[6] 이런 식으로 자기의 한계를 인정한다고 해서 그의 한계가 사라지거나 설교 전반에 걸쳐 나타나는 자기 비평적인 입장이 변호되는 것도 아니지만 이렇게 함으로써 몰트만은 자신이 이야기의 주제만 의식하고 있는 것이 아니라 주제와 관련하여 청중과 자신의 문제를 이해하고 있다는 사실을 깨닫게 해 준다. 이것은 그의 마음이 청중들을 향해 열려 있다는 인상을 확고하게 심어줄 것이며, 자신의 한계를 비평적으로 자세히 고백함으로써 청중들로부터 신뢰감을 얻게 된다.

경험의 한계와 인간적인 한계를 이처럼 열린 마음으로 설교하는 것이 비단 몰트만의 경우만은 아닐 것이며, 그는 자기 이야기가 아니라 개인적인 증언을 통해 설교를 하는 수많은 설교자 중의 하나일 뿐이다. 그러나 한계에 대한 인식을 공감하는 청중 또는 독자들은 설교자가 주제를 보는 눈이 남다르다고 생각하면서도 그 차이점이 무엇인지는 분명하게 알 수 없다. 필자는 이야기를 통한 자기 인식이야말로 주제와 그에 대한 한계점 사이의 명확한 차이점을 보여 준다고 말하고 싶다. 예를 들어 필자가 최근 수업 시간에 들었던 설교를 생각해 보고자 한다.

그 이야기는 임신한 마리아가 엘리사벳을 방문하는 내용이 담겨 있는 누가복음 1장 39~45절에 대해서 한 남학생이 설교한 것이다. 그는 임신한 자신의 아내 이야기부터 시작했는데 병원에서 그들이 의사로부터 축하한다는 말을 듣고 있는 장면을 그림을 그리듯 이야기하였다. 우리는 그 부부가 자신들이 기거하고 있는 학교 아파트에 새 아기를 위한 방을 만들고, 예비 부모들에게 필요한 여러 가지 물건들을 준비하면서 함께 미래를 설계하는 모습을 떠올릴 수 있었다. 그들은 많은 일들을 함께 경험하고 처리해 나갔다. 그러나 물론 그것들 중에는 그의 아내에게만 가능한 것이 있고 그녀만이 경험할 수 있는 것들이 있다. 의사에게 검진을 받은 것은 그의 아내였으며, 그녀의 몸 안에서 이제 곧 태어날 새로운 생명이 자라고 있었다. "우리가 기다리던 순간이 오면, 그녀는 내가 알 수 없는 뭔가를 알고 있을 것입니다." 이 이야기에서 그 남학생은 남자로서의 한계를 느끼고 있다. 임신하여 아이를 낳는다는 것은 남자들이 직접 경험할 수 없는 부분이다. 그 학생의 이야기를 듣고 나서 누가복음 1장을 읽는다면 이전까지 생각해 왔던 것과 다른 입장에서 볼 수 있을 것이다. 필자가 기억하고 있는 예수 그리스도의 강림에 대한 설교들의 초점은 대부분이 준비에 관한 것이었다. 설교자 자신의 한계를 통해 본문을 색다른 구도로 조명한 이 설교에서는 새로운 생명을 향한 벅찬 기다림이 강조되고 있다.

설교자들은 간단히 자신을 소개하는 정도 이상으로 자기를 증명해야 할 때가 있다. 이것은 설교자가 강단에 서게 된 이유를 설명하는 정도로 되는 것이 아니다. 오히려 설교자가 강단에 서서 청중들에게 설교할 수 있는 자격에 대해서 진술하는 것이 필요하다. P. T. 폴시스(P. T. Forsyth)는 목회를 앞 둔 젊은 신학생들에게 이야기하는 자리에서 이와 같은 당당한 자세로 자기를 소개하라고 주장했었다.[7] 여기서 그는 30여년 간 설교를 하고, 영혼을 돌보면서 배우고, 익혀 온 경험에서 우러나온 목회적 결론이라고 주장함으로써 설교에 권위를 더해 주었다.[8] 어떤 면에서 볼 때 포시드는 자신이 그런 말을 할 자격이 있다는 것을 은연중에 암시한 것이다. 콜린 모리스(Colin Morris)도 이와 비슷한 방법으로 "인종적, 정치적 갈등 상황이 있을 수 있음을 예견적으로" 제시하였다.[9] 그는 목회에서 오는 긴장감과 파멸의 위험성에 대하여 목사의 입장에서, 예언적 안목으로 이야기하고 있다. "저는 분명하게 이야기할 수 있습니다. 제 자신이 교회가 피해를 입는 것을 많이 경험했고 목회자로서의 저의 권위가 침해당하는 일을 겪어 왔기 때문입니다."[10]

설교자들은 자신의 이야기가 청중들에게도 일상적인 일이라는 것을 설명해 주어야 한다. 일상적인 이야기를 통하여 "자신이 삶 속에서 체험한 것들을 설교에서 이야기할 때 그 설교는 청중들의 조건을 충족시켜 줄 것이며 받아들여지게 될 것이다.”[11] 칼 바르트(Karl Barth)가 바젤 교도소에서 설교할 때 자신이 “재판석에 설 만한 잘못”을 한 번도 하지 않은 “성인 군자”가 아니라는 사실을 수감자들에게 이해시키는 것은 중요한 사항이다.[12] 바르트는 자신도 범죄와 재판과 형벌이 무엇인지 알고 있다는 것을 수감자들에게 이해시키고 있다. 그는 확신 있는 그리스도인은 언젠가 엄격한 심판대 앞에 서서 자기가 생각하고 말하고 행동했던 죄들에 대한 대가를 치러야 한다는 사실을 알고 있다고 설명한다. 그러므로 바르트는 “여러분, 제가 하는 말을 쓸데없는 소리라고 생각하지 마십시오.”라고 하는 것이다.[13] “확신 있는 그리스도인”에 대한 바르트의 짧은 이야기는 자기 이야기로 보기는 어렵고 엄격히 말하자면 이야기라고 할 수도 없지만 설교자들은 청중들에게 공감할 수 있는 일상적인 자기 모습을 드러내야 할 필요가 있다는 사실을 알려준다. 또한 바르트의 설교는 자기 주장과 자기 이야기의 중간쯤에 해당하는 성격의 것이라고 할 수 있다. 이 책에서 제시하는 자기 이야기의 특성을 완전히 구현한 것은 아니지만 그의 설교는 청중과의 공감대를 형성하려는 다른 어떤 형태의 설교보다도 효과적이다. 파울 쉘러(Paul Scherer)는 설교에서 다음과 같은 말을 하였다. “저는 사람들이 겪는 상실감, 외로움, 고통을 이해합니다.”[14] 그러나 아무런 예증도 없이 이처럼 한 마디의 말로 이야기를 마무리한다면 독자들은 그를 잘 아는 교인이 아닌 이상 그가 정말 그런 것을 이해하고 있는지 의아해 할 것이다.

필자가 바르트의 설교를 예로 든 또 한 가지 이유는 그의 설교에는 사회 문화적인 벽을 초월하여 청중에게 다가갈 수 있는 방법이 보이기 때문이다. 바르트는 현재 자기의 이야기를 듣고 앉아 있는 수감자들처럼 교도소 생활을 하고 있는 사람은 아니다. 그가 과거에 법정에서 재판을 받은 일이 있거나 형을 언도받은 경험이 있는지 우리는 알 수 없다. 물론 그가 주차 위반으로 벌금을 낸 적이 있더라도 그런 사건은 그의 설교에 별 도움이 못되는 이야기였을 것이다. 심지어 바르트가 전쟁 포로가 되어 감옥에서 지내던 이야기를 들려준다고 해도 현재는 자유인으로 강단에 선 그가 수감자들과의 일체감을 형성한다는 것은 여전히 불가능할 것이다. 바르트는 앞에 있는 죄수들과 마찬가지로 자신도 역시 죄인이며, 자유롭게 활보하지 못하는 처지에 있다는 것을 보여 주어야 하는데 바로 하나님의 심판 아래에서 자기는 죄인이라는 것을 인식하는 그리스도인의 이야기를 통해서 그는 이것을 잘 전달하였다.

부크너는 이 책에서 제시하는 자기 이야기에 훨씬 가까운 형태의 설교로 이와 같은 효과를 구현하고 있다.[15] 부분적으로 그 설교는 광야에서 이스라엘 백성에게 주어진 명령인 신명기 6장 4~7절의 "너희는 마음을 다하고 성품을 다하고 힘을 다하여 네 하나님 여호와를 사랑하라."는 말씀을 토대로 하고 있다. 우리는 부크너가 다음과 같은 질문을 던질 것이라고 상상해 볼 수 있다. "제가 무슨 권리로 황막한 광야에 놓인 사람들에게 하나님을 사랑하라고 주장할 수 있을까요?" 여기에 대해서는 아마도 "그 이유는 우리 모두가 황막한 사막의 경험을 겪어 왔기 때문이며, 앞으로도 세상을 사는 동안은 인생의 황야를 만나게 될 것이기 때문입니다."라고 밖에 말할 수 없을 것이다.[16] 여기서 부크너가 광야의 경험을 사람들 모두가 겪는 일반적인 것으로 설명한 것은 아주 옳은 방법이다. 그리고 나서 그는 자신이 헤쳐갔던 광야 즉 "3천 마일 떨어진 낯선 도시에서 보았던 광경"을 들려주었다. 그는 병원의 모습, 삶의 애착이 강한 만큼 죽음을 두려워하고 있는 사랑하는 사람들, 매일 찾아오는 방문객, 언제 죽을지 모르는 위험 등의 몇 가지 적절한 이야기를 통해 자신이 겪은 광야의 윤곽을 드러내 주고 있다. 그런 다음 그가 "저는 희망의 그림자가 보이지 않는 슬픔과 두려움을 지나 왔습니다."라고 말을 할 때 청중들은 그를 신뢰하게 되는 것이다.

설교자들은 자신이 동일한 인간으로서 생활하고 있음을 설명할 필요가 있지만 그것은 불가능하다고 생각하는 이들도 있을 것이다. 상대방의 이야기가 필자의 이야기가 될 수 없고 필자의 이야기가 상대방의 이야기일 수는 없다. 바르트는 바젤 교도소에 있는 죄수들에게 일상적이었던 생활을 이야기한 것이 아니었고, 부크너의 광야 이야기를 읽는 모든 독자들이 3천 마일 떨어진 부크너와 함께 병원에 있던 것도 아니었다. 그럼에도 불구하고 우리는 바르트, 바젤 감옥의 죄수, 그대와 내가 함께 공통적인 경험을 나누었다고 할 수 있다. 우리의 생활이 표면적으로 드러나는 상세한 부분에 있어서는 공통점이 없을 수 있지만 근본적인 체험과 실존적 느낌에서는 공감대를 형성하게 되는 것이다. 우리 모두는 고소를 당하는 것, 아무런 도움을 받지 못하는 것, 잃어버리는 것이 무엇인지를 알고 있다. 이것은 인간의 근본적인 경험들이기 때문이다. 윌라 케더(Willa Cather)가 말했듯이 "사람들의 이야기는 단지 두 세 가지밖에 없지만 그것들은 전에 결코 없었던 이야기들처럼 계속해서 반복하고 있는 것이다."[17]

설교자가 자기 이야기에서 회중들과 생활의 공감을 나눌 수 있으려면 인간의 근본적인 문제들이 반영되어 있는 경험을 묘사해야 한다. 이를 통해서 설교자는 자신에 대한 신뢰감을 줄 수 있으며, 어떤 말이든지 할 수 있게 되는 것이다. 그러나 설교자의 주장이 단지 말을 할 수 있는 기반을 제공하는 것만이 되어서는 안되며, 설교에서 예수 그리스도의 복음과 복음을 통해 삶에 빛을 주고 변화를 가져다 줄 수 있는 방법을 주장해야 한다. 이런 것들은 물론 자기 이야기를 통해서도 가능하다. 설교자는 자신이 인생의 어두움들을 이해하고 있을 뿐 아니라 밝은 인생 길도 알고 있으며, 그것이 어떠한 것인지를 직접적으로 제시해 줄 수 있다는 것을 청중들에게 확신시켜야 한다. 몰트만은 "장애인들의 관용과 아량"이라는 설교에서 필자가 의미하는 것이 무엇인지를 잘 나타내고 있다. 몰트만은 "자기를 사랑할 줄 아는 것이야말로 영혼의 능력을 촉진시켜주며, 우리의 영혼이 건강할 때 산을 움직일 수 있는 믿음이 생긴다."[18]고 주장하였다. 그러나 그는 사람이 자신을 멸시하지 않고 사랑할 수 있을지에 대해 의문을 제기하고 있다. 그의 이야기는 이와 같이 일목요연한 과정을 거쳐서 전개되고 있다. 몰트만은 자기 경멸에 빠져 있는 사람들에게 자신이 어떤 권리로 이야기를 해 줄 수 있는지를 말해 주어야 하며, 영혼에 능력을 주는 자기 사랑을 할 수 있는 방법을 제시해 주어야 할 것이다. 그는 "1945년 포로 수용소의 더러운 방에서 감옥 생활을 했던 자신의 경험"을 이야기함으로써 이 두 가지 조건을 충족키고 있다.[19] 수용소 생활 당시 깊은 절망감에 빠진 그는 "병이 들었고, 더 이상 일어날 힘도 없는 상태에서 삶의 희망을 잃어버렸었다."고 회상하고 있다. 이전에 가졌던 모든 희망이 그에게서 사라졌다. 그러나 그가 말하는 "기적"이라는 것이 일어났다. 친구들을 생각할 때 그는 용기가 생겼으며, 자기를 사랑하고 믿고 기다리는 친구들이 있다는 생각을 한 그 순간부터 자기 절망의 구렁텅이를 헤쳐나와 자신을 사랑하기 시작했다고 했다. 몰트만은 자기의 경험을 이야기함으로써 청중들에게 자신 있게 말을 할 수 있게 되는 것이다. "우리가 하나님을 사랑해야 하는 이유는 하나님께서 우리를 사랑하시기 때문입니다." 분명히 몰트만은 자신의 설교가 자기 혐오에 빠져있는 사람들에게 기적을 발휘할 것이라고 기대하지는 않는다. 그는 자신의 결론이 듣기에는 너무나 쉬운 이야기이지만 실제로 실천한다는 것은 그리 쉬운 것이 아니라고 솔직하게 시인하고 있다. 그러나 그는 자신이 그런 이야기를 할 수 있을 만한 충분한 근거를 마련해 놓았으며, 그것은 두려움에 있는 청중들에게 약속과 가능성을 보여주는 것이 되었다. 그가 이처럼 힘든 상황에서 해낼 수 있던 일이라면 우리에게도 가능하기 때문이다.

(2) 증거의 필요성

오늘날의 설교자들은 설교의 선교적 역할과 교훈적 역할을 구분하는데 어려움을 겪고 있다. 그 이유는 그것이 이론적으로 불가능한 것이기 때문이 아니라 오늘날 교회를 구성하고 있는 청중의 특성 때문이다. 대부분의 설교자들이 만나는 청중은 담당 지역의 교인들이며 주일 예배에 참석하는 사람들은 거의가 세례를 받고 예수 그리스도의 몸의 일부가 되었다고 하는 사람들이다. 그들에게 필요한 것은 갱신(Renewal)이며, 복음 안에서의 성장이다. 그러나 "갱신"이라는 말을 재충전이나 원기 회복의 개념으로 이해하는 것은 오늘날의 기독교 사회에 적절하지 않다. "새롭게 시작하는 것"으로 정의하는 것이 더 정확한 것 같다.

어쩌면 이러한 관찰은 구체적으로 언급될 필요가 없는 것처럼 보일 수도 있지만 여전히 깊이 생각되어야 할 중요한 문제이다. 지난 40년 간 교회는 비기독교화되어 가는 체험을 해 왔다고 말할 수도 있다. Domenico Grasso가 말했듯이 "일종의 이교주의가 기독교 내에 자리잡고 있다."는 것이다.[20] 많은 그리스도인들은 기독교가 공언하는 원칙에 어긋나는 생활을 하고 있으며, 전혀 기독교적이 아닌 생각들 속에서 살고 있다. 그들은 실제로 복음적인 가치가 없는 일들을 예수 그리스도만큼이나 중요하게 취급하며 살고 있다. 자기 부정, 자선, 화목 등에 대한 생각보다는 가족, 직업, 생활 수준, 건강에 대한 염려들이 그리스도인의 생활을 지배하고 있다. "마음의 습관"이라는 책에서는 "도시 중산층 중에서 자신들이 하나님의 형상을 이어받은 자녀들이며, 그분의 명령을 따르고, 그분의 사랑 속에서 살고 있다고 말하는 사람들은 상대적으로 드물다"고 밝혔다.[21] 칼 브라텐(Carl Braaten)은 좀더 넓은 의미로 볼 때 "오늘날 서방 기독교가 당면한 문제는 교인 수가 너무 적다는 것에 있지 않다. 오히려 그리스도인에 대한 새로운 개념을 설정하여 교회의 신앙을 세속적인 이상의 수준으로 전락시키는 움직임이 증가하고 있는 것이 문제"라고 역설하였다.[22]

필자는 이러한 평가가 얼마나 타당성이 있는지에 대해 논쟁을 하려는 것이 아니라 일선 교회에서 하는 설교일지라도 그 목적이 단순히 헌신의 태도를 촉구하는 것으로만 그쳐서는 안된다는 것을 지적하고 싶은 것이다. 많은 사람들은 티엘리케가 "오늘날의 사람들은 어떤 형태의 대중 연설이나 누군가가 지

시한 사항들을 전달해도 믿지 않고, 심지어 교회가 말하는 것
도 듣지 않게 되었다.”라고 한 말을 인정하려 들지 않을 것이
다.[23] 그러나 이런 현상은 교회 안에서도 일어나고 있다고 볼
수밖에 없다. 이것은 교회를 비판하려는 의도가 아니라 현실을
직시하자는 것이다. 오늘날의 회중들이 교회와 설교에 대해서
적대적이라고까지는 할 수 없으나 어느 정도는 회의적으로 반
응하고, 무관심한 것이 사실이다.

이와 같은 현실을 감안할 때 설교에 있어서 증거의 제시는
무엇보다도 중요한 역할을 하게 된다. 티엘리케는 스스로 시인
하기를 설교자들이 증인의 입장에서 이야기할 때에 비로소 청
중들은 그 설교를 믿을 만하고 들을 가치가 있는 것으로 여길
것이라고 하였다.[24] 또한 필자는 설교에서 증거를 제시하는 가
장 효과적인 방법 중의 하나는 바로 자기 이야기라고 생각한
다. 자기 고백을 통한 설교자 자신의 이야기는 복음을 더욱 효
과적으로 증거하게 되기 때문이다.[25] 또한 자기 이야기는 청중
들이 설교를 따지기보다는 자기화하게 만드는 것이다. 자기화
와 감정이입은 논쟁보다도 효과적으로 반대가 사라지게 한다.
설교자가 하나의 증거로서 자기 이야기를 청중들에게 피력할
때 청중들은 충분히 이해하고, 납득하게 된다.[26]

“복음적인 접근을 위한 설교”에 관한 비교적 최근에 출판된
한 책의 서문에서 “예수 그리스도의 일대기를 자신의 생활의
맥락에서 이야기하는 것”에 대하여 언급하고 있는 것은 그리
놀랄만한 일이 아니다.[27] 이 책에 기록된 열 다섯 가지의 설교
중에 대부분이 자기 이야기를 사용하고 있다는 것 역시 놀랄
것이 못된다. 어떤 설교는 “그 일은 지금부터 몇 주일 전 길게
만 느껴지던 한 주일의 마지막 여행을 위해 비행기에 올라탔을

때 일어났습니다." 라는 말로 시작한다.[28] 또다른 한 설교는 "솔직히 말해서 저는 유대인으로 태어났고, 한 때는 로마 카톨릭의 사제가 되겠다는 생각도 해 본 평범한 루터교 목사입니다. 여기에 대해서 여러분에게 말씀드리자면"과 같은 식으로 시작한다.[29] 다음과 같이 시작하는 설교도 있다. "저의 교인 두 명이 저와 함께 낚시를 가자고 했습니다. 결국 함께 가기로 했죠." 이런 설교자들은 알프레드 크라스(Alfred Krass)의 다음과 같은 말을 인정할 것이다.[30] "이야기를 사용하면 설교가 성경 본문에 충실하면서도 복음 설교들에서 흔히 나타나는 교리적 독단성을 피할 수 있게 해 준다."

"조용함의 의미"라는 책에서 웨더헤드는 교회 가는 것에 대해 두 가지 설교를 하고 있다. 두 설교에서 청중은 "사람들이 교회에 가지 않는 이유" 라는 설교에 설명되어 있는 부류에 속하는 것으로 보인다. 그들은 "하나님으로부터 벗어나 기도하는 것조차 포기하고 그분의 사랑을 거절하고, 그분을 자신의 삶에서 밀어내어 버린 사람들"로 구성된 부류이다.[32] "사람들이 교회에 가는 이유"라는 설교에서 웨더헤드는 자신이 알고 있는 두 여자에 관한 이야기를 하였다. 그 중 한 여자는 외과 의사가 되려는 꿈을 가지고 있었으나, 폭발 사고를 당해 서른 다섯 번의 수술을 받고 나서 한 쪽 눈의 시력을 잃게 되었고, 나머지 한 쪽의 시력도 희미하게 되었다. 두 번째 여자는 정신병원에서 여생을 보내게 된 경우인데 가끔씩 제 정신이 들 때마다 집으로 가겠다고 했으나 혼자서 생활할 수 없다고 판명을 받은 사람이다. 그녀는 자신의 삶을 찾으려고 무척 노력을 했지만 언제 남에게 공격을 가할지 모르는 위험한 정신 상태에 놓이게 되었다.[33] 두 젊은 여인이 겪고 있는 어려움은 인간의 힘으로는 완전히 해결해 줄 수 없는 것이었다. 그러나 이처럼 모든 것을 잃어버린 사람들이 여전히 교회를 다니는 이유에 대해 웨더헤드는 질문을 던지고 있으며, 그것은 하나님만이 그들의 유일한 위로자가 되시기 때문이라고 하였다. 그 하나님은 변명을 하는 하나님이 아니라 자신이 몸소 십자가에 달리셨으며, 두려운 고통을 당하고 있는 자기 자녀들이 결국은 아무것도 잃어버리지 않게 하시는 하나님이다.[34] 웨더헤드는 자신의 설교에서 하나님 외에 다른 것을 언급하지 않는다. 다시 말하면 그는 인간이 고통 당하는 이유를 해명하려고 하거나 사람들을 교회에 오도록 설복시키려고 하지 않는다. 그는 단순히 두 여자에 관한 자기 이야기를 하면서 이야기 속에서 자연스럽게 증거가 나타나도록 한다. 그는 자신이 접촉하려는 청중들에게 적절한 자기 이야기를 알고 있다.

(3) 예언적인 역할의 필요성

Lyman Beecher의 설교학 강의에서 제임스 클레이풀은 설교의 예언적인 역할은 목회에서 가장 도전적인 것 중의 하나라고 언급하였다.[35] 그는 어떻게 하면 상처 입은 문제들을 악화시키지 않고 치료할 수 있는지에 대해 질문을 던진다. 그는 목회에서 단언하거나 비난하는 방법은 효과가 없다는 것을 깨달았다. 그렇게 했을 때 문제는 더욱 힘들어졌고, 변화에 대한 반발력만 커졌다. 솔직히 그는 자신이 개인적으로 변화에 대한 기대감으로 시도했지만 오히려 거부당한 경험을 시인하면서 마태복음 7장 5절의 "먼저 네 눈 속에서 들보를 빼어라 그 후에야 밝히 보고 형제의 눈 속에서 티를 빼리라."라는 말씀에서 교훈을 얻게 되었다고 했다. 이 말씀을 통해서 단언이나 비난이 아닌 다른 방법을 알게 된 클레이풀은 자기 속에 있는 잘못부터 고쳐 나가기 시작했다. 그는 이러한 자기 이야기에는 듣는 사람들의 수치심을 덜어 주고 자신의 상태에 대한 희망을 심어 주는 위력이 있다는 것을 알게 되었다.

자기 이야기의 이러한 위력을 맛볼 수 있는 또 하나의 예가 있다. 리차드 젠센(Richard Jensen)은 사회적, 정치적, 윤리적 측면의 강도 높은 주제를 다룰 때는 자서전적인 이야기를 활용하라고 권장한다.[36] 왜냐하면 자서전적인 이야기는 어느 정도의 거리를 주는 작용을 하므로 청중들이 부담없이 받아들일 수 있기 때문이다. 청중들은 직접적인 강요를 당한다는 느낌 없이 설교자의 말을 따를 수 있을 것이다. 이러한 방법은 설교자가 결론에 이르기까지의 과정을 청중들이 자신에게 투영할 수 있게 해 주며, 스스로 결심할 기회를 제공해 준다.

로날드 J. 알렌(Ronald J. Allen)은 누가복음 10장 25~37절의 선한 사마리아인에 대한 설교를 준비하면서 "저의 처지는 사마리아인의 상황과 비슷한 점이 거의 없습니다."라고 썼다.[37] 그는 중산층의 백인 그리스도인이었다. 그러나 그는 자신의 의견이 완전히 묵살당할 때와 남이 자신에게 화를 낼 때, 자기 이마에 피부 이식을 하고 남은 흉터에 대해 자녀들이 질문해 올 때의 기분이 무엇인지를 알고 있다. 실제적인 느낌으로 비유를 다루고 있는 그의 설교는 청중들에게도 동일한 느낌을 가져다준다. 그는 청중들로 하여금 사마리아인의 입장에 서보게 하고 각자의 상처들도 인식하게 하고 있다. 그러나 또한 알렌은 청중들에게 사마리아인이 취했던 행동을 할 수 있을 만한 힘을 경험하게 하고 있다. 그는 사마리아인과 마찬가지로 상처

받는 것이 무엇인지를 알고 있기 때문에 깊은 동정심도 갖고 있는 한 사람에 대해 이야기했다. 그리고 그는 코이노니아 농장(Koinonia farm)에서 일 주일을 보낸 이야기와 그곳에 살고 있는 Miss Gussie에 대해서 이야기했는데 그는 Miss Gussie이 칠이 벗겨진 판잣집의 페인트 칠하는 것을 도와주었었다. 모두가 흑인들만 사는 곳에 혼자 백인으로 있어 본 경험은 알렌에게는 처음이었다. "저의 뱃속이 꼬여드는 것 같았고, 손에는 막 땀이 났습니다. 저의 다리도 계속 떨리고 있었습니다." 그러나 길 바닥에 누워 있을 때 느끼는 기분을 아는 Miss Gussie 은 그의 심정을 이해했다. 사람들 앞으로 나와서 알렌과 다른 사람들을 감싸안으며 긴장감을 사라지게 한 사람은 바로 그녀였다.

Miss Gussie의 이야기는 젠센이 말하고 있는 "거리"를 만들고 있다. 우리는 직접 조지아주 아메리쿠스에 가서 긴장감이 서려 있는 상황을 경험하지 않아도 된다. 또한 상처는 치료의 능력의 원천이라는 알렌의 주장을 받아들이지 않아도 된다. 우리가 할 것은 다만 이야기를 듣는 것이다. 그 이야기는 나 자신이 받았던 상처들과 함께 그 당시 느꼈던 동정어린 호의를 기억나게 한다. 또한 이것은 앞으로 내가 그렇게 행동하겠다는 실제적인 가능성을 제시해 준다. 이것은 청중들이 변명이나 반발감 없이 그러한 결심을 하게 만들어 준다. 상처와 동정에 관한 원칙을 반대할 수도 있지만 알렌의 경험과 Miss Gussie이 보였던 모든 사랑의 행위를 부정할 수는 없을 것이다. 우리는 알렌의 자기 이야기와 알렌의 불편함에 대해 사려깊고 지혜롭게 대처한 이야기를 듣고 감동을 받지 않을 수 없다. "증인으로 설교하기"라는 책에서는 "세상의 삶 속에서 건실한 신앙을 유지하려는 하나님의 백성들을 위해 지침을 제공해 주는 설교들"이라고 명명된 설교들이 수록되어 있다.[38] 그 중에는 찰스 라이스(Charles Rice)의 "특별하고도 일반적인 은혜"라는 설교가 있는데 이 설교는 사마리아에 가신 예수 그리스도께서 우물가의 여인을 만난 사건을 묘사한 요한복음 4장 1~16절을 기초로 하였다.[39] 그는 이 설교를 어떤 상황을 위해서 준비하였는지 또는 어디에서 설교하면 적합한지에 대해 이야기하지 않았지만 라이스는 청중들을 특별하게 분류하였다. 그들은 버려진 사람들에게조차 따돌림받는 그 여인을 피하려고 하는 사람들이며, 길을 가로질러 온 사람들에게 냉정한 태도와 동시에 돌아볼 줄 아는 마음을 지닐 필요가 있는 사람들이다. 라이스는 또한 캘리포니아 북부에 있는 자기 친구의 부모가 경영하는 농장에 갔었던 이야기를 하고 있다. 그것은 그가 세 명의 다른 손님들과 함께 오후 5시에 약속된 만찬에 참석하여 경험한 이야기이다. 그 중 한 손님은 집시와 같은 옷차림을 하고 왔으며, 다른 손님은 인디안처럼 옷을 입고 있었다. 나머지 한 사람은 흘치기 염색을 한 무지개 빛깔의 바지에 오렌지색 셔츠를 입고 있었으며, 머리 모양 또한 가관이었다. 라이스는 이러한 괴상한 사람들에 대해 친구가 어떻게 생각할까 걱정했다. 그러나 모두들 처음에만 약간 당황했을 뿐이었고, 어떤 할머니는 재미있다는 듯이 한동안 쳐다보기도 했다. 세 사람은 풍성한 식사를 즐겼고, 집에 있는 듯한 편안한 기분을 만끽했다. 주인의 너그러움 속에서 베풀어진 저녁 만찬을 통해 사람들은 음식을 나누면서 동시에 참다운 인간애를 나눌 수 있었다고 라이스는 결론지었다. 매일의 양식은 언제든지 생명의 양식이 될 수 있습니다. 마치 사마리아인과 히피들과 우리와 같은 사람들을 사랑

하는 예수 그리스도께서 우물가의 물 한 잔을 통해 하나님의 선물을 베푸신 것과 같이 말입니다.[40]

우리는 이 설교들이 어떤 특정한 사회적 상황이나 교회적인 위기에 대한 권면을 제시하려고 준비된 것은 아니지만 그것들이 예언적인 설교(Prophetic sermon)임을 알 수 있다. 이들 설교에서는 지역 감정이나 편견의 상처를 더 이상 악화시키지 않고 치유하는 방법을 제시하고 있다. 두 설교에서 설교자들은 자신의 삶을 통해 암울한 면들을 이해하고 있는 사람들로 나타나고 있다. 그들의 자기 이야기는 공격적인 요구들에 대해 신경을 곤두세울 필요 없이 편안하고 부담 없이 들을 수 있는 안전지대를 제공해 준다. 청중들은 결론에 대한 강압적인 느낌을 받지 않으면서도 제시하는 바를 분명하게 인식할 수 있다. 청중들은 단정적인 이야기를 듣거나 비난을 받지도 않고 무엇을 하라고 지시를 받지도 않지만 자신도 그렇게 할 수 있다는 확신을 품게 될 것이다.

Notes

1. Frederick Buechner, A Room Called Remember(San Francisco : Harper & Row, 1984), 138.
2. Ibid., 139.
3. Jürgen Moltmann, The Power of the Powerless : The Word of Liberation for Today, trans. Margaret Kohl (San Francisco : Harper & Row, 1983), 136.
4. Ibid.
5. Ibid., 136~154.

6. Ibid., 155.

7. P. T. Forsyth, Positive Preaching and the Modern Mind (Grand Rapids : Wm. B. Eerdmans, 1966), 192.

8. Ibid., 192~198.

9. Colin Morris, Mankind My Church (Nashville : Abingdon Press, 1971), 119.

10. Ibid.

11. D.W. Cleverley Ford, A Pastoral Preacher's Notebook (London : Hodder and Stoughton, 1965), 19.

12. Karl Barth, Deliverance to the Captives, trans. Marguerite Wieser (New York : Harper & Brothers, 1961), 53.

13. Ibid.

14. Paul Scherer, The Place Where Thou Standest (New York : Harper & Brothers, 1942), 83.

15. Buechner, A Room Called Remember, 36~45.

16. Ibid., 41.

17. Quoted in John Shea, Stories of God : An Unauthorized Biography (Chicago : Thomas More Press, 1978), 57.

18. Moltmann, The Power of the Powerless, 142.

19. Ibid.

20. Domenico Grasso, Proclaiming God's Message : A Study in the Theology of Preaching (Notre Dame, Ind. : University of Notre Dame Press, 1965), xviii.

21. Robert N. Bellah, Richard Madsen, William M. Sullivan, Ann Swilder, and Steven M. Tipton, Habits of the Heart : Individualism and Commitment in American Life (Berkeley and Los Angeles : University of California Press, 1985), 63.

22. Carl E. Bratten, The Whole Counsel of God (Philadelphia : Fortress

Press, 1974), 73.

23. Helmut Thielicke, Encounter with Spurgeon, trans. John W. Doberstein (Greenwood : Attic Press, 1978), 36.

24. Ibid., 38.

25. Since Theilicke has been used as a support, it is only fair to admit that he does not argue for the use of personal story. Quite the contrary, he states that "this coming forward of the witness · · · need not by any means manifest itself in the use of the first person singular or an autobiographical tone of speech," Encounter with Spurgeon, 38. And yet he admits that such first - person singular need not be feared (p. 39). He quotes 1 Cor. 3:22, "All things are yours!" And he refers to Angustine's words, "Love, and do what you will!" (p. 40).

26. See the excellent discussion on personal story in "Richard L. Rubenstein, "The Promise and the Pitfalls of Autobiographical Theology," in Art/Literature/Religion : Life on the Borders, ed. Robert Detweiler (Chico, Calif. : Scholars Press, 1983), 125〜137.

27. The Human Chain for Divine Grace, ed. Ronald J. Lavin (Philadelphia : Fortress Press, 1978).

28. Ibid., 43.

29. Ibid., 76.

30. Ibid., 24.

31. Alfred C. Krass, "What the Mainline Denominations Are Doing in Evangelism," Christian Century (2 May 1979) : 492.

32. Leslie D. Weatherhead, The Significance of Silence and Other Sermons (Nashville : Abingdon - Cokesbury Press, 1945), 103.

33. Ibid., 122.

34. Ibid.

35. John R. Claypool, The Preaching Event (Waco, Tex. : Word, 1980), 103.

36. Richard A. Jensen, Telling the Story : Variety and Imagination in Preaching (Minneapolis : Augsburg Publishing House, 1980), 152.

37. Ronald J. Allen, "Shaping Sermons by the Language of the Text," in Preaching Biblically : Creating Sermons in the Shape of Scripture, ed. Don M. Wardlaw (Philadelphia : Westminster Press. 1983), 43.

38. Preaching in the Witnessing Community, ed. Herman G. Stuempfle, Jr. (Philadelphia : Fortress Press, 1973), xiv.

39. Ibid., 62~68.

40. Ibid., 67.

7

자기 이야기에 대한 점검 목록표

교에 있어서 자기 이야기를 효과적으로 사용하기 위해서는 몇 가지 지식, 기술 그리고 연습이 필요하다. 이를테면 자기 이야기를 함에 있어서 자기만을 드러내고자 하는 자기 우월주의라든지 또는 자가당착 같은 자기 중심적인 발언들로 일관된 것들은 반드시 피해야만 하는 것이다. 다시 말해서 설교자가 자기 이야기를 할 때에 그 모든 내용들이 반드시 예수 그리스도를 선포하고, 드러내며, 성경 본문 말씀을 정확하게 표현하는 것에 초점을 맞추지 않으면 그것은 생명력을 잃어버리는 설교가 될 수밖에는 없는 것이다. 따라서 설교를 듣는 교인들이 목사의 자기 이야기를 통해서 하나님의 은혜와 심판 아래 있다는 사실을 더욱 실감 있게 느끼도록 하는데 하나의 역할을 담당할 때에 자기 이야기

로서의 효과가 달성되었다고 할 수 있다. 자기 이야기를 효과적
으로 활용하기 위해 필자가 지금까지 이 책에서 제시해 온 사항
들은 일종의 지침 목록으로 만들어 사용할 수 있다. 지식, 기술
과 연습을 효과적으로 실행할 수 있도록 이것을 아래와 같이 구
체적으로 요약하여 점검표로 만들어 놓았다.

1. 자기 이야기에는 여러 가지 유형이 있는데 여기에서 중요
한 점은 어떤 유형을 왜 사용하려고 하는지를 알고 있어야 한
다는 것이다. 각 유형들이 특징, 기능, 자기 소개의 정도에 따
라 분류되어 있다.

① 어떤 유형의 자기 이야기를 사용할 것인가?
— 예화
— 회상
— 고백
— 자기 이야기
② 목적에 알맞은 자기 이야기를 하고 있는가?

③ 단순한 생활 이야기를 설교학적인 입장에서 신학화시킬
수 있는 것인가?

2. 자기 이야기에는 세 가지 기본적인 요소들이 포함되어 있
어야 하며, 이것들이 없이는 완전한 효과를 발휘할 수 없다. 자
신의 이야기를 바로 하기 위해서 다음과 같은 조건들이 확실하

게 충족되어야 한다.

① 이야기에서 자신, 외부 세계, 하나님에 대한 깨달음이 드러나고 있는가?

② 이야기는 생각하고, 느끼고, 결심하는 자신을 보여주는가?

③ 이야기는 자신이 다른 사람들의 생활과 하나님과 연결되어 있음을 보여주는가?

3. 강단에서 사용되는 자기 이야기는 예수 그리스도를 선포하기 위한 것이어야 한다. "예수 그리스도에 관한 복음"과 성경 본문에 종속되어 있을 때에만 바람직한 자기 이야기가 될 것이다.

① 설교로서 부적합한 이야기:
a. 본문을 기본적으로 무시하고 넘어갈 정도로 일반적인 이야기인가?
b. 이야기가 깨달음을 제시하지 못하거나 본문과 설교의 본의도에 일치하지 못하므로 본문을 사소하게 취급하고 있지는 않는가?
c. 이야기가 단순히 본문과 병행하고 있지는 않는가? 또는 비슷한 용어나 경험의 유사성만으로 연결된 것은 아닌가?

② 설교에 적합한 이야기:

a. 본문에 충실하면서도 현대적인 이야기인가?

b. 성경의 내용을 명확하게 이해시키고, 적극적으로 받아들이게 하는가?

c. 청중들이 새로운 느낌으로 귀기울일 만큼 의미심장한 질문을 제기하고 있는가?

d. 본문에서 제기된 문제의 해답을 본문 자체에서 찾을 수 있도록 유도하고 있는가?

e. 청중들이 본문에 참여하여 자신과 본문 모두에서 내면적인 고찰을 할 수 있게 하는가?

4. 자기 이야기는 설교에서 중요한 영역을 차지해야 하고, 설교의 나머지 부분을 알리는 역할을 해야 하며 설교에서 심화되는 주제를 통해서 알려지는 이야기도 마찬가지의 역할을 해야 한다. 설교의 합류 여부를 확인하기 위하여 다음의 조건들이 충족되어야 한다:

① 과연 설교에 필요한 이야기인가?

② 과연 설교에서 자기 이야기가 올바르게 적용되고 있는가?

③ 과연 이 이야기는 바른 언어로 사용되고 있는가? 마음에 깊이 남는 이야기인가?

④ 이야기에서 발전된 주제와 설교와는 동일한 내용을 말하

고 있는가?

5. 가정(假定)이 필요한 설교에서는 자기 이야기가 가장 효과적인 경우가 있다. 설교자가 특별히 증거를 제시하거나, 교훈적인 설교를 할 때에는 자신을 신뢰할 만한 모습으로 드러내야 할 경우가 있다.

① 설교자에 대한 신뢰감을 주어야 할 때에는 어떠한 방법으로 이야기를 하는가?
 — 자기 소개
 — 경험의 한계와 인간적인 제한성을 전달함
 — 공통적으로 경험할 수 있는 생활을 제시함
 — 해당 주제를 다룰 만한 자격이 있음을 분명히 보여줌
 — 사회 문화적 벽을 넘어섬
 — 예수 그리스도의 복음을 개인적으로 증거함

② 개인적인 증언이 요구되는 설교에서, 자신이 고백한 이야기는 개인적으로 체득한 것임을 분명히 나타내는가?

③ 교훈적인 말이 필요한 상황에서 자기 이야기를 할 때 다음의 사항을 따르고 있는가?
 — 자신의 결론에 도달하게 된 경위를 분명히 제시한다.
 — 청중들이 개인적으로 결심할 기회를 준다.
 — 자신의 인생에 있는 그늘들을 알고 있다는 사실을 보여준다.

✝ 부록 | ✝

에드먼드 A. 스테임리(Edmund A. Steimle)

다음은 에드먼드 A. 스테임리의 "낯선 하나님 : 부활에 관한 생각들"이라는 책 15페이지의 내용을 발췌한 것이며 본서에 언급되었다.

원제 : God the Stranger : Reflections About Resurrection (Philadelphia : Fortress Press, 1979).

또한 이와는 반대로 여러분과 제가 도움이 필요한 사람들에게 사랑과 염려와 깊은 관심으로 응대할 때, 하나님을 모르는 사람들도 그분을 인식할 수 있을 것입니다. 요한이 복음서에 언급한 바와 같이 "원하는 자는 알게 될 것입니다." 제가 담당했던 마지막 교구에서 일하면서 저는 무거운 책임들로 용기가 꺾이고, 하나님의 실재에 대해 의심이 일어나고 낙담할 때마다 병원을 찾아가서 환자들에게 하나님의 실재와 돌보심에 대한 확증과 위로를 해 주곤 했습니다. 그렇게 하고 나면 그전에 낮

설게 느껴졌던 하나님이 너무나 분명하게 느껴졌습니다.

그러나 다음의 이야기는 하나님을 알지 못하는 사람들의 입술을 통해서도 그분이 인식될 수 있다는 것을 말하고 있습니다. 몇 년 전 제 2차 세계대전이 끝난 지 얼마 안되었을 때의 일이었습니다. 가까운 이웃이며, 재단사로 일하고 있는 범바움씨의 가게에 들렀다가 일을 마치고 문을 나서려던 참이었습니다. 그때 범바움씨는 저를 붙들어 세우면서 짙은 억양으로 다음과 같은 이야기를 하였습니다. "스테임리씨 저에게 한 가지 문제가 생겼습니다. 당신도 아시다시피 저는 유대인이고 제 아내는 그리스도인입니다. 저희 부부가 독일에서 생활했을 때 그녀의 남동생은 난폭한 나치 당원이었으며, 유대인인 저를 미워했기 때문에 가족을 도와주기는 커녕, 이 곳으로 이주해 왔을 때는 저희들을 쫓아내었다고 무척이나 기뻐했습니다. 그런데 그 친구는 현재 수용소에 감금되어 있고 저희들에게 먹을 것을 좀 보내 달라고 편지로 요청을 해 왔습니다. 아내는 딱 잘라서 안된다고 말하지만 저는 조금이라도 보내 주어야 한다고 했습니다. 스테임리씨, 어떻게 했으면 좋겠습니까?"

이 이야기에 대해 여러분께서는 어떤 생각을 하셨는지 모르겠습니다만, 저는 너무나 부끄러웠습니다. 그리스도인이라고 하는 그의 아내가 보인 태도도 그렇지만 착한 유대인 재단사의 입술을 통해서도 하나님을 인식할 수 있다는 사실을 미처 몰랐던 제 자신이 너무나 부끄러웠습니다.

<h1 style="text-align:center">✝ 부록 II ✝</h1>

마틴 루터 킹 2세(Martin Luther King, Jr.)

이 내용은 마틴 루터 킹의 "사랑하게 하는 힘"이라는 책 112～114페이지의 내용을 발췌한 것이며 본서에 언급되었다.

원제 : Strength to Love (Philadelphia : Fortress Press, 1981).

때때로 우리는 하나님이 필요 없다는 생각을 합니다. 그러나 절망의 폭풍이 몰아치고, 재난이 닥쳐오고, 말할 수 없는 슬픔이 밀려올 때에 만약 우리가 인내력 있는 깊은 신앙을 간직하고 있지 않다면 우리의 정서적인 삶은 산산이 부서져 버리고 말 것입니다. 세상이 이처럼 커다란 분노에 휩싸이는 이유는 우리가 하나님(God)을 섬기지 않고 그릇된 신들(gods)을 따르기 때문입니다. 우리는 과학이라는 신에게 무릎을 꿇었지만 그가 주는 것이라고는 원자폭탄과 그로 인한 전 인류적인 공포라는 것만을 깨달았을 뿐이고, 과학은 자신이 만들어 낸 두려움

조차 해결하지 못하였습니다. 쾌락의 신을 경배했지만 순간의 짜릿함이 사라진 뒤에 남는 것은 더 커진 허무감뿐이었습니다. 돈이라는 신에게 비굴하게 머리를 조아리면서 깨달은 것은 세상엔 사랑이나 우정과 같이 돈으로도 살 수 없는 훨씬 가치있는 것들이 존재한다는 것이며, 경제 공황, 주식의 하락, 사업의 실패 등이 언제나 가능한 지구상에서 돈이라는 것은 불완전한 신일 수밖에 없다는 사실이었습니다. 이처럼 변하기 쉬운 신들은 우리를 구원하지도, 인류의 마음에 행복을 가져다 주지도 못합니다.

오직 하나님만이 하실 수 있습니다. 우리가 다시 찾아야 할 것은 그분에 대한 믿음입니다. 이 믿음을 가질 때에 우리의 황폐하고 외진 골짜기들은 기쁨이 가득한 밝은 길로 변하게 되고 어두운 비관의 터널에는 빛이 비추일 것입니다. 여러분 가운데 인생의 황혼을 향해 치달으면서 우리가 죽음이라고 부르는 것을 두려워하시는 분이 있습니까? 왜 두려워하십니까? 하나님께는 모든 것이 가능합니다. 사랑하는 이의 죽음 때문에, 결혼 문제 때문에 방황하는 자녀들 때문에 절망하시는 분들이 있습니까? 절망하지 마십시오. 능력의 하나님께서 이것들을 견딜 만한 변함 없는 힘을 주실 것입니다. 건강이 나빠서 고민하십니까? 능력의 하나님께로 나아가십시오.

이야기의 결론을 맺으면서 여러분께 저의 개인적인 경험을 들려 드리고 싶습니다. 태어나서 24년의 세월이 지나는 동안 저의 모든 것은 탄탄대로였고 근본적인 문제나 어려움들은 하나도 없었습니다. 저를 극진히 사랑하고 돌보시는 부모님 덕택에 저는 필요한 모든 것들을 얻을 수 있었고, 아무런 어려움 없이 고등학교, 대학교, 신학교, 대학원을 졸업하였습니다. 그러나 몽고메리 버스 항거의 주동자로 나서면서부터 저는 실제적인 인생의 시련을 직면하게 되었습니다. 항거 운동을 떠맡자마자 집으로 협박 전화와 편지들이 날아왔고 산발적으로 가끔씩 오던 것이 점점 증가하기 시작했습니다. 한동안은 별 문제가 없었으며, 우리는 그 편지를 보낸 사람들이 성미가 급한 사람들이며, 우리가 맞붙어 싸우지 않는다는 사실을 발견한 뒤에는 곧 풀이 죽을 사람들이라고 생각했습니다. 그러나 몇 주일이 지난 뒤에 저는 이러한 위협들이 매우 진지하다는 것을 느끼게 되었으며, 덜컥 겁이 나기 시작했습니다.

유난히 힘들었던 하루를 보낸 어느 날 저는 밤 늦게 잠자리에 들었습니다. 아내는 이미 잠들어 있었고, 저 역시 막 잠이 들려고 하는데 갑자기 요란한 전화 벨이 울렸습니다. 그리고 수화기에서는 다음과 같은 성난 목소리가 들려 왔습니다. "잘 들어! 검둥아! 우리는 마음만 먹으면 너의 모든 것을 빼앗아 갈 수 있어! 며칠 뒤에는 몽고메리에 오게 된 것을 후회하게 될거야!" 전화를 끊고 나서 침대에 누웠지만 잠이 오질 않았습니다. 모든 공포가 한꺼번에 엄습해 오는 기분이었고 더 이상은 어쩔 수가 없을 것 같았습니다.

침대에서 일어나 방에서 왔다갔다하다가 결국 주방으로 내려가 커피 한 잔을 데웠습니다. 포기해야겠다는 생각이 들었고 겁쟁이라는 인상을 주지 않고서 자리를 물러설 방도를 생각하기 시작했습니다. 기진맥진한 가운데 용기가 거의 사라졌을 때 저는 이 문제를 하나님께 가져가야 한다는 생각이 들었습니다. 손으로 머리를 감싼 채 식탁에 기대어 몸을 굽히고 큰 소리로 기도했습니다. 그때 하나님께 아뢴 기도가 지금도 생생하게 떠오릅니다. "저는 지금 옳다고 생각되는 일을 하기 위해 여기서 있습니다. 하지만 두렵습니다. 사람들은 저의 지도를 바라고 있는데, 아무런 힘도 용기도 없이 서 있는 나약한 저의 모습을 본다면 그들은 좌절하게 될 것입니다. 저의 힘은 고갈되었고, 아무것도 남은 것이 없습니다. 주님, 더 이상은 홀로 감당할 수 없을 것 같습니다."

기도를 마친 바로 그 순간이었습니다. 저는 하나님께서 곁에 와 계시다는 것을 느꼈습니다. 이처럼 즉각적이고 확실한 경험은 처음이었습니다. 저는 내면 깊은 곳으로부터 "정의를 위해, 진리를 위해 굳게 서라. 하나님께서 영원히 네 곁에 계신다." 라는 조용한 확증을 듣고 있는 듯했고 두려움은 한 순간에 물러갔습니다. 더불어 저의 불신도 사라졌습니다. 이제는 당당하게 맞설 수 있을 것 같았습니다. 직면한 상황은 변한 것이 없었지만 하나님께서는 이것을 극복할 만한 내적인 평온함을 주셨습니다.

3일 뒤에 저의 집이 폭파되었습니다. 소식을 듣고 난 후에도 저의 마음은 너무나 신기할 만큼 평온했습니다. 하나님과의 경험이 제게 새로운 힘과 믿음을 주었기 때문입니다. 하나님께서만이 생애의 고통과 문제를 직면할 수 있는 내적 힘을 주실 수 있다는 것을 비로소 알 수 있었습니다. 우리의 나날들이 낮게 깔린 구름으로 우울해지고 우리의 밤이 한밤중의 짙은 어두움보다 더 어두워지더라도 이 우주에는 사랑으로 다가오시는 능력의 하나님이 계시다는 것을 잊지 마시기 바랍니다. 그분은 아무런 길이 없는 곳에 길을 만드시고, 어두웠던 과거를 밝은 미래로 변화시키시는 분이십니다. 더 나은 사람이 되는 것이 우리의 희망이며, 더 나은 세상을 이루어야 하는 것은 우리의 사명입니다.

✝ 부록 Ⅲ ✝

존 베노스달(*John Vannorsdall*)

다음은 "평화에 관한 설교"라는 책 65~69페이지에 있는 베노스달의 설교문 "버스"의 일부를 발췌한 것이다.

원제 : "The Bus," in Preaching on Peace, ed. Ronald J. Sider and Darrel J. Brubaker (Philadelphia : Fortress Press, 1982).

나는 선한 목자라. 선한 목자는 양들을 위하여 목숨을 버리거니와 삯꾼은 목자도 아니요 양도 제 양이 아니라 이리가 오는 것을 보면 양을 버리고 달아나나니 이리가 양을 늑탈하고 또 헤치느니라. 달아나는 것은 저가 삯꾼이 까닭에 양을 돌아보지 아니함이나 나는 선한 목자라. 내가 내 양을 알고 양도 나를 아는 것이 아버지께서 나를 아시고 내가 아버지를 아는 것 같으니 나는 양을 위하여 목숨을 버리노라. 또 이 우리에 들지 아니한 다른 양들이 내게 있어 내가 인도하여야 할 터이니 저

희도 내 음성을 듣고 한 무리가 되어 한 목자에게 있으리라
(요한 10:11~16).

기차역을 빠져 나왔을 때, 버스 한 대가 오고 있는 것이 보
였고 저는 그린으로 가는 차를 타기 위해 줄을 서 있는 사람들
에게로 다가갔습니다. 운전사는 문을 열더니 무엇인가 이야기
를 했는데 뒤에서는 잘 들리지 않았고 앞 줄에 있는 사람들만
이 알아듣는 듯 했습니다. 차에 올라탈 만큼 가까이 왔을 때에
야 상황을 알게 되었는데 표가 매진된 것을 모르고 두 아이가
승차권을 끊기 위해 동전을 집어넣은 것이었습니다. 이야기를
들어보니 운전사는 이미 투여된 동전을 꺼낼 수가 없었고 두
아이 중 한 명은 다음 버스를 탈 만한 여분의 돈이 없었습니다.

그때 승객 중 몇 사람이 이 문제에 끼여들었습니다. 그 중
한 사람은 운전사에게 "뒤에 버스 한 대가 오고 있어요."라고
알려 주었고, 그 말을 들은 운전사는 아이들에게 "뒤에 있는
버스에 가서 차비는 이미 앞 차에서 지불했다고 하면 태워 줄
거야."라고 말했습니다.

"운전사가 아이들 말을 믿지 않을텐데요?"라고 하며, 다른 승
객이 반대했고 사람들도 그 말이 옳다는 듯이 웅성거렸습니다.

운전사는 진퇴양난에 빠져 "여러분도 아시다시피 운전사는
버스를 떠나서는 안됩니다."라고 말하는 듯한 표정으로 사람들
을 둘러보았습니다. 그러나 제 앞에 있던 체격이 큰 한 부인과
도시락 가방을 들고 서 있던 어떤 남자는 "운전 기사 아가씨,
걱정하지 않아도 되요. 저희들이 잘 지키고 있을께요."라고 의
미하는 듯한 표정을 지어 보였습니다.

결국 운전사는 차에서 내려 황급히 뒤에 있는 버스로 가서

몇 장의 승차권을 가지고 왔고, 표를 받은 아이들은 비로소 안도의 한숨을 내쉬었습니다. 차가 출발하고 사람들은 본래대로 서로들 이야기하며, 웅성거리고 있는데 옆 좌석에 있던 한 부인이 통로를 향해 다음과 같이 소리쳤습니다. "아가씨는 신참 기사이지만 앞으로 일을 아주 잘 해낼 것 같네요."

이 이야기에는 두 가지 중요한 점이 있습니다. 첫째는 그 날 저와 함께 있던 승객들 모두가 버스에 대해 잘 알고 있었다는 것입니다. 즉 그들은 승차권이 중요하다는 것을 알고 있었고, 운전 기사가 상자에서 동전을 다시 꺼내지 못한다는 것과 그녀가 운전석을 비우지 않으려는 것도 알았습니다. 또한 그들은 뒤에 있는 운전사가 아이들의 말을 믿지 않을 것이며, 자신들이 탄 버스의 운전사는 신참이라는 것도 알고 있었습니다. 사실 버스 승차에 대해 가장 모르는 사람은 바로 저였습니다. 승차할 때 버튼을 눌려야 한다는 것도 모르고 있다가 정류장에 도착하기 얼마 전에 한 승객을 통해 알게 되었으니까요.

어쨌든 제가 버스에 대해 잘 모른다고 해도 문제는 없습니다. 저나 여러분은 버스에 대한 것 외에도 다른 것들에 대해 많은 것들을 알고 있을 것입니다. 우리 모두는 어떠한 사항들에 대해 지식을 소유하고 있습니다. 예일 대학은 엄청난 지식의 공장이라고 할 수 있지만 우리의 표어는 *Veritas* 즉 "진리"입니다. 지식은 단지 도구일 뿐입니다. 이 두 가지는 같은 것이 아닙니다.

지식은 버스를 세우는 방법을 아는 것입니다. 그것은 미국에서 어떻게 서부 개척 운동이 일어나게 되었는지를 설명할 수 있는 것입니다. 그것은 관찰하고, 분석하고, 일반화하고, 검사할 수 있는 능력입니다. 지식을 쌓는다는 것은 다양한 학습 과정, 계산, 불규칙 동사들을 배우는 것입니다. 지식이란 음성을 인식하고 방법들을 터득하고 수단과 목적을 분별할 줄 아는 것이고, 과거의 일을 기억하여 현재에 다시 반복하거나 피하는 것이며, 과거의 일을 토대로 미래를 예측할 수 있는 것입니다.

지식은 어디에나 존재합니다. 그것은 쉽게 버스를 탈 수 있게 해 주며, 대서양 수면 위로 배들이 떠다니고 공중에는 비행기가 날아다니게 합니다. 그러나 제트기는 지식은 될 수 있어도 진리는 아닌 것입니다.

어리석은 자들은 진리를 비웃지만 경건한 사람들은 진리를 소중히 여깁니다. 하나님이 우리를 아신다는 것은 중요한 것입니다. 오늘 주어진 본문의 약속은 약간 차이가 있습니다. "나는 선한 목자라. 내가 내 양을 알고 양도 나를 아는 것 …" 또한 시편의 저자는 "여호와여 주께서 나를 감찰하시고 아셨나이다. 주께서 나의 앉고 일어섬을 아시며 멀리서도 나의 생각을 통촉하시오며, 나의 길과 눕는 것을 감찰하시며 … 내가 새벽 날개를 치며 바다 끝에 가서 거할지라도 곧 거기서도 주의 손이 나를 인도하며, 주의 오른손이 나를 붙드시리이다."라고 기록하였습니다.

이러한 말씀이 수많은 감옥에서, 멀리 떨어진 공항에서 기차에서, 버스에서 반복되고 있습니다. 모두들 가버리고 없는 조용한 시간에도 느낄 수 있습니다. 여객선의 갑판 위에 홀로 서 있는 사람, 밤 거리를 걷는 사람, 사방이 고요해 질 때 병원의 침실에 누워 있는 사람들이 이것을 경험하고 있습니다. "나는 선한 목자라. 내가 내 양을 알고 양도 나를 아는 것이 …" "내가 음침한 골짜기를 지날지라도 …" 바울은 또한 이렇게 말합니다. "우리가 이제는 거울로 보는 것 같이 희미하나 그때에는 주께서 나를 아신 것 같이 내가 온전히 알리라."

위의 성경 구절들에서 중요한 점은 하나님께서 우리를 아신다는 확증입니다. 그 확증은 우리가 하나님을 얼마나 많이 또는 적게 알고 있는가에 관한 것이 아닙니다. 이것은 나중에 더욱 완전히 이해하게 될 것입니다. 믿음이란 우리가 하나님께 알려진 바 되었고 아무것도 숨겨져 있지 않다는 것에서 시작하는 것입니다. 최악의 모습이 드러난다고 해도 우리에게는 여전히 목자가 계십니다. 하나님께서 우리를 알고 계신다는 확신 가운데 사는 것은 결코 작은 일이 아닙니다.

어쨌든 버스, 함선, 항공기에 대한 지식, 심지어 인간들에 대한 하나님의 지식보다도 더 중요한 것이 있습니다. 버스에서 제가 배운 두 번째 사실은 발생한 사건에 대해 승객들이 모두 관심을 가졌다는 것입니다. 점심 도시락을 갖고 승차한 그 남자는 아이들이 집에서 멀리 떨어져 오도 가도 못하는 것을 바라지 않았고 몸집이 큰 부인은 아이들이 뒤에 있는 버스 운전사에게 불신을 당하는 것을 원치 않았습니다. 그리고 제 옆에 앉았던 부인은 운전사가 신참이지만 잘 해낼 것이라고 생각하였습니다. 승객들이 버스에 대해 알고 있는 지식을 진리라고 할 수는 없으나 그들의 지식은 진리를 위하여 사용되었으며, 그들에 의해 진리가 지켜졌습니다.

영국과 아르헨티나가 싸우고 있는 남 대서양(1982년의 포클랜드 섬) 곳곳에 지식은 많이 있지만 진실은 찾아볼 수 없습니다. 일의 진상을 모르기 때문에 세상 사람 중 절반 정도는 이런 터무니없는 싸움을 보고 웃어야 할지 울어야 할지를 모르고 있습니다. 제 생각으로는 아마 대부분의 사람들이 눈물을 흘릴 것입니다. 한편으로는 죽어가는 자들을 위하여 또 한 편으로는 놀라울 정도로 진보한 인간의 지식이 이처럼 어리석은 일에도 여전히 활용되고 있다는 사실 때문이겠죠. 버스의 승객들이라면 훨씬 일을 잘 해결했을 것입니다. 그들은 자존심을 이해하면서도 동시에 두 나라 모두가 지속되어야 한다는 중요성을 느꼈을 것이고 각각의 국기가 나란히 펄럭이기를 원했을 것입니다. 그들은 젊은 군인들과 선원들을 염려하고 섬 주민들과 심지어 그 곳의 양떼들까지 걱정하는 마음으로 이 일을 해냈을 것입니다. 또한 결과가 어떻게 되든지 간에 남 대서양에서 벌어지고 있는 이런 사태 속에서 진실을 지켜 나가는 일이 그들의 최고의 관심사가 되었을 것입니다.

선한 목자의 이야기에서 중심이 되는 사항은 목자의 돌보심 즉 관심입니다. 양들을 안다는 것은 중요한 것이지만 선한 목자는 양을 알뿐만 아니라 별 것 아닌 양들을 위해서 자기의 생명을 버리기까지 합니다. 이러한 목자는 돈만 생각하고 일하는 삯꾼이 아닙니다. 삯꾼은 보수에 비해 양치기가 어렵다고 생각될 때 양을 늑대에게 내버려둔 채 도망하지만, 선한 목자는 양을 위해서 돈으로도 살 수 없는 생명을 버립니다.

그러나 여기에는 더 깊이 생각해야 할 것이 있습니다. 목자는 영국 사람도, 아르헨티나 사람도 아니고 백인도, 흑인도 아닙니다. 선진국의 국민도, 개발 도상국의 국민도 아닙니다. 그는 양을 이런 식으로 분류하지 않으며, 모든 양들이 공평하고 합당하게 돌보아지기를 원한다는 것입니다.

진실을 추구할 때 사람들은 지식이 모든 것을 해결해 준다는 착각에서 벗어나게 된다고 조셉 시틀러(Joseph Sittler)는 주장했습니다. 지식은 버스를 달리게 하고 버스에 승차하는 법을 가르쳐 주지만 인간을 인간답게 해 주는 것은 진실입니다. 진실은 뒷 버스의 운전사로부터 승차권을 가져왔고 그 손길은 어린 아이들에게도 뻗어 나갔습니다. 진실은 운전사가 자리를 비워도 차를 훔쳐갈 사람은 없을 것이라고 확신시켜 주었습니다. 진실은 신참 운전사를 비웃지 않았습니다. 오히려 잘 할 것이라고 기대했습니다.

진리야말로 우리의 표어이고, 지식은 일거리에 불과하지만 그렇다고 지식의 중요성을 부정하는 것은 바보 같은 행동입니다. 어쨌든 우리가 조직적으로 인류를 말살하려고 계획한다면, 인간의 지식이 제공할 수 있는 최첨단 과학들은 무엇보다도 강력한 살인 도구가 될 것입니다. 이와 같은 행위는 우리가 아직도 진실을 소유하지 못하고 있다는 사실을 단면적으로 드러내는 것이며, 이것을 자행하는 사람들은 서로 위해 주는 마음을 갖는 것이야말로 인간을 가장 인간답게 해 주고, 최고의 기쁨은 바로 여기에서 얻게 된다는 사실을 깨닫지 못한 자들입니다. 인간은 결국 선택을 하고 말았습니다. 서로를 염려하고 돌볼 수 없다고 단정해 버린 인간들은, 자신을 보호하기 위하여 지식이 제공해 주는 치명적인 기계들을 선택하게 되었고 위기가 닥치면 전쟁도 불사하겠다는 태도를 보이고 있습니다. 우리가 왜 이렇게 해야만 합니까? 왜 서로를 위해 주는 것이 불가능하다고 믿습니까? 버스의 사람들은 서로가 초면인데도 불구하고 어째서 진실은 가능한 것이며, 그것에서 즐거움을 찾을 수 있다고 확신하게 되었을까요?

어떤 사람들은 그리스도인들에 대해 인간의 본성을 모르고 소위 전쟁의 불가피성에 대해서도 이해를 못하는 순진한 사람들이라고 반박할 수도 있습니다. 문제는 바로 불가피하다는 생각에 있습니다. 정확히 말해 그리스도인들은 사물을 다르게 보도록 부름을 받은 사람들입니다. 우리가 섬기는 하나님은 소경의 눈을 뜨게 하고 귀머거리의 귀를 열어 주셨고 귀신에게 눌린 자를 해방시켜 주신 분이시며, 변화가 가능하다는 것을 몸소 가르쳐 주신 분이십니다. 우리는 평화가 이루어질 수 있다는 것과 세상에는 삵꾼만이 아니라 참다운 목자도 존재하고 있으며, 운전사가 자리를 비워도 버스를 지켜주는 사람이 있다는 것을 분명히 믿습니다.

마틴 루터가 잘 표현했듯이 세상이 제 자리를 잃고 비틀거릴 때, 사람들이 자기 마음을 감추어 버릴 덮개와 자물쇠, 빗장을 찾아 문을 잠그고, 결국 자신의 공간 속에 갇혀 버리도록 하는 것은 마귀의 계획입니다. 어떻게 해야 살아남을 수 있는지를 알고 있는 우리는 자신의 동굴에서 생활하기 위해 필요한 것들을 사들이고, 마음의 창에는 철장을 드리우며, 자신도 철저히 무장하여 자기의 감옥으로 침투하려는 자들을 감시합니다. 그리고 우리들 안에 진실이라고는 남아 있지 않습니다. 진실이란 목자와도 같습니다. 그는 비틀거리는 세상의 파편들 속에서 왕의 군대와 결사대가 할 수 없는 일을 우리가 사랑과 동정으로 함께 행하기를 바라기 때문에 황무지에 두려움 없이 걸어 들어가서 우리의 마음의 창에 걸쳐진 철장을 살며시 열고 우리가 혹시나 나오지 않을까 기대하고 있는 목자입니다. 그는 지식이 모든 것을 해결해 준다는 착각으로부터 벗어나게 해 주는 진실입니다. 진실은 버스 안에 있습니다.

역자 소개

학력
■ 총신대학교 신학대학원 (실천 신학 전공) 수학
■ 연세대학교 교육대학원 교육학과 (상담교육 전공, 교육석사 / Ed. M) 졸업
■ Oral Roberts 대학교 신학대학원 (실천 신학 - 목회상담 전공, 목회학 박사 / D. Min) 졸업

경력
■ Oral Roberts 대학교 신학대학원 객원교수
■ 평택대학교 신학과 (실천 신학) 교수

주요저서
■ 그룹 다이나믹스 이론과 실제
■ 인간관계 훈련 교재
■ 통계와 숫자로 보는 예화 자료집 (1,2집)

설교에서 1인칭 사용의 기술

지은이 ■ 리차드 L. 툴린 지음 펴낸이 ■ 정지홍 처음찍은날 ■ 1997. 10. 18. 처음펴낸날 ■ 1997. 10. 25.
펴낸곳 ■ 하늘사다리 (등록번호 제 21-630호, 1994. 8. 11.)
　　　　서울특별시 은평구 녹번동 100-39 전화 / 352-1018 팩시밀리 / 383-9484
총판처 ■ (주)기독교출판유통 Tel.0344-906-9161~4 Fax.080-456-2580

©1997 하늘사다리 ISBN 89-86367-30-0 03230   한권 값 4,500원

이책의 한국어판 저작권은 하늘사다리에 있습니다.

* 잘못 만들어진 책은 바꾸어 드립니다.

영적인 열정을 회복하라

고든 맥도날드 지음/박가영 옮김/5,000원

신앙의 열정은 회복되어야 한다

크리스천은 계속되는 종교행위와 삶에 지쳐있다.

기독교 역사는 상실된 열정의 회복의 역사이다. 하나님의 소망하심에 순종하려는 우리들을 새롭게 함으로써 친밀감의 회복, 열정의 회복을 말하는 것이다. 본서에서 크리스찬에게 만연된 영적침체와 피로를 극복하고 영적열정을 회복할 수 있는 방법을 제시한다.

하나님은 예배하는 자를 찾으신다

크리스 보와터 지음/정규운 옮김/4,500원

영적인 예배사역을 위한 지침서

하나님은 예배의 형식에는 관심이 없으시고 다만 전심으로 자신을 향하고, 자신의 인도함에 열려있으며, 자신의 음성에 민감하게 귀기울이시는 자 즉, 자신을 예배하는 자를 찾으시며, 자신과 아버지의 관계를 발전시키시는 아들을 찾고 계심을 적고 있다.

첫사랑을 회복하라

토니 에반스 지음/찰스 스탠리 추천/채슬기 옮김/326쪽/7,000원

첫사랑의 벅찬 감격이 1천만 크리스천을 깨운다

매주, 매월, 수년에 걸쳐 교회에는 출석하지만
성장이 없는 그리스도인들이 너무 많다.
첫사랑을 잃어버렸기 때문이다.
그러나 우리는 마냥 정체되어 있을 수는 없다.
첫사랑을 회복하여 하나님과의 역동적인 교제를 해야만 한다.

미래는진정한 리더를 요구한다

존 E. 하가이 지음/임하나 옮김/8,000원

하나님께서는 리더를 부르신다

예술가나 권력남용자, 군중을 모으는 선동가도 아니다.
하나님은 리더를 부르신다. 본서는 진정한 리더십의 12가지 원칙을
제시하며 탁월한 지도력의 방법과 리더로서의 소명을
일깨워주는 책이다.

영혼이 성장하는 리더

고든 맥도날드 지음/박가영 옮김/4,000원

건강한 리더십을 위하여

끝없이 계속되는 모임, 강의, 상담 등 사역의 속도는 빠르게 늘어가고
있다. 그러나 사역이 늘어가는 것이 성장은 아니다.
리더의 진정한 성장은 영혼의 성장에 달려 있음을 강조하고,
이 땅의 리더들의 내적 상태를 점검하는데 도움이 될 것이다.

열정적인 사역자입니까

게일 맥도날드 지음/윤정길 옮김/5000원

최상의 부르심과 위대한 특권

사역자들은 사역이라는 최상의 부르심과 그 위대한 특권을
이해하고 감싸안는 법을 배울 수 있다.

제자화전략으로 성장하는 건강한 교회

댄 스페이더, 게리 메이스 지음/채슬기 옮김/7,500원

지상명령의 회복과 성장

많은 교회들이 전혀 성장하지 않고 있다. 건강한 교회 성장을 위해서는
주님이 주신 지상명령을 회복해야 한다.
주님은 세상정복을 위한 하나님의 전략을 보여 주셨다.
효과적인 제자화 전략으로 영적인 성숙을 통해
교회가 건강하게 성장할 수 있는 재발견의 여행을 제공할 것이다.